大家小小书

篆刻　程方平

新编历史小丛书

成吉思汗

韩儒林 著

北京出版集团
北京人民出版社

目　录

一、蒙古高原上的争斗

1162年，蒙古部的一个首领也速该拔都鲁（拔都鲁意为“勇士”）攻打塔塔儿部获胜，回到斡难河畔的老营。恰巧这时，他的长妻诃额仑生下了第一个儿子。这个婴孩的手中紧紧捏着一团凝血块，据说这预示着他将来不平凡的命运。因为也速该在这次战争中俘虏了塔塔儿人的首领铁木真兀格，于是就给这个新生儿取名为铁木真。他就是后来名震世界的成吉思汗。

一说起诞生了成吉思汗的蒙古高原，人们就习惯于根据“风吹草低见牛羊”的古老民歌去想象它的风光。实际上，即使对游牧生活来说，蒙古高原也不是处处适合的。这里布满了大大小小的沙碛、沼泽，以及到处裸露着黑色石头的大片荒原和光秃秃的石山，还有许多流沙地带，一阵阵的强风将沙子刮得像云雾般地弥漫在空中，把一堆一堆的沙丘从这儿搬到那儿。只是在有水源的地方，才能生长繁茂的水草。漠北的居民就在这些水草地上放牧牲畜，一个地方的牧草食用完了，他们又转移到另一处地方。这就是所谓“逐水草而居”的游牧生活。

成吉思汗出生时，蒙古高原上分布着几个强大的游牧部落。各部贵族为了抢夺财产和奴隶，相互间展开了长期的、激烈的争战。

分布在斡难河上游和肯特山一带的，就是蒙古部。他们来到这里游牧，已有三四百年的历史了。在十四世纪的波斯蒙古王朝（即伊利汗国）著名的历史著作《史集》里记载，蒙古人的祖先是遭到灭族之祸的二男二女。他们逃入一个名叫额尔古涅的险谷隘地，在那里繁衍生息，经过许多世代，人口逐渐增多。唐朝的史书把他们称为“蒙兀室韦”，当时他们居住在今额尔古纳河之东的兴安岭中。室韦人可能是更古老的鲜卑人的后裔。经过几个世纪的争战迁徙，到九世纪中叶以后，原来是突厥语族居住的漠北草原，大部分地区都为蒙古语族各部落所据有了。被认为是蒙古族先祖的蒙兀室韦大约也是在这时迁徙到了斡难河上游。后来的汉文史籍中，把他们的名称写作“萌古”、“盲骨子”或“蒙古”。十一世纪，蒙古部开始强盛起来。大约在十二世纪初，合不勒罕（成吉思汗的曾祖父）统一了全蒙古部众，成为漠北很强大的一支势力。到成吉思汗年轻时，蒙古部发展成许多氏族或部落。自然，直到这时候，“蒙古”这个名称所指的，还只是漠北诸部中的一个部族而已。只有到了成吉思汗征服各部、统一漠北以后，它才成为漠北蒙古语族各部乃至一部分突厥语族部落的统称。漠北草原也被人们称为蒙古草原。

活动在蒙古东面的一个大部落是塔塔儿部。它据有呼伦贝尔湖周围最富饶的草原。塔塔儿曾是古代室韦人中最强大的一部，因此有人把他们的部名当成了所有室韦人的总称，叫作“三十姓达怛”。后来东、西方史籍把漠北各部落（包括蒙古部在内）泛称为“达怛”（或写作“鞑靼”），就是由此而来的。十二世纪时，塔塔儿分为六部，各有首领，人数共达七万家。

塔塔儿的东北，海拉尔河和额尔古纳河一带，居住着翁吉剌部。他们有五个分支部落，势力都不很大。他们很早就和蒙古部结为亲家，蒙古话叫“忽答”。一直到元朝，这两家还互为姻亲。

当时的另一个大部落是蔑儿乞部，位于蒙古部的西北面，居住在肯特山以北，鄂尔浑河和色楞格河下游。蔑儿乞有四个分部，人数众多，勇悍善战，周围的部落都害怕他们。

当时漠北草原上势力最强的是克烈部。他们占据了草原腹心地带——土拉河、鄂尔浑河上游和杭爱山地区。这里是历代漠北统治者的政治、军事中心所在。克烈人有很多分支，但很早就已统一在一个大首领的管辖下。据说在十一世纪初，克烈首领和所属百姓二十万人改信了景教（基督教的一派，因系聂斯脱里的首创，所以又称聂斯脱里教派）。后来，辽朝曾封之为“大王”“达旦诸部长”。首领的位子是世袭的，牙帐就设在回鹘故都窝鲁朵城，并按照游牧民族的传统，将子弟分封在东、西两面。

自杭爱山以西至阿尔泰山麓，是另一个强部——乃蛮部的地盘。乃蛮属于突厥语族，可能是黠戛斯（吉尔吉斯）部一支，在九世纪后期从叶尼塞河南迁到蒙古高原西部。他们也有一个世袭的大首领，统治着所有乃蛮百姓，并设置了掌管军队和行政事务的文武官职。

从十一到十二世纪，漠北各部的社会经济和

武装力量有很大发展。这一方面是由于室韦（达怛）各部西迁后，获得了广阔的良好牧场，为游牧畜牧业的发展提供了有利条件；另一方面，辽、金两朝相继统治漠北各部，客观上加强了他们和中原地区的联系，促进了社会的发展。当时，中原地区的铁器输入漠北，无疑对游牧部落的经济和武力的增长起了重大作用；而辽、金王朝对各部首领的扶植和利用，又使得游牧贵族的权力大大上升了。根据史料的记载，这个时期蒙古部的政治、经济情况大致是这样的：

由于游牧畜牧业的发展，牲畜和其他财产早已为个体家庭（阿寅勒）所私有，父母的财产由子女继承。在私有制基础上，富裕家庭的财富日益增加，他们被称为“伯颜”（富人）。这些富豪很容易控制和奴役贫穷的牧民，当上部落首领。他们通过掠夺战争，获得了更多的财产和奴隶，同时，首领的地位也更加巩固，只能由他们的家族来担任，再加上得到辽、金王朝的封官授职，于是就成了贵族，被称为“那颜”。那颜们有各种尊贵称号，如拔都鲁（勇士）、蔑儿干（善射者）、必勒格（智者）、薛禅（贤者）、太石（汉语“太子”）等，最高首领则称为罕

（大王）。部落内的普通百姓成了他们的属民（哈剌抽），被掠夺来的战俘或卖身的穷人成了他们的奴隶（孛斡勒）。部落首领可以把自己所属百姓分配给长大的儿子们去管辖，这样，每一家那颜都拥有一批属民家庭，组成为“一圈子”。属民有自己的个体家庭经济，但要负担主人分配的任务，主要是充当战士，跟随主人出征。奴隶在主人家里服役，做放牧牲畜、挤奶子、剪羊毛、备鞍子、看门子等劳动，称为“门户内的奴隶”。当时所流行的奴隶对主人的誓词说，若离了主人的门户，就将他们的“脚筋挑了，心肝割了”“性命断了”。

社会既然划分成阶级，居于统治地位的贵族就需要建立压迫的工具。于是，各部首领就组织了“护卫军”——从属于自己的武装力量。

关于蒙古人的祖先，从成吉思汗的十世祖孛端察儿以后才有逐渐详细的事迹。据说孛端察儿和他的兄弟们共同征服了一个兀良合部的氏族，把他们掳为奴隶。到八世祖蔑年土敦时，这个家族的财产大大增加，拥有的牲畜多到不可胜数。六世祖海都又征服了札剌亦儿部，占有的奴隶就更多了。海都的次子察剌孩带有“令稳”（辽朝封的小部族官）的官号，察剌孩的长子官封“详稳”（辽朝的大部族官），这个家族从此一直是蒙古部最有势力的贵族，称为泰赤乌氏。海都的长子早死，长孙屯必乃薛禅成为另一支分部的首领，屯必乃的长子就是被推举为大首领、管辖全蒙古百姓的合不勒罕，这一支贵族称为乞颜氏。蒙古部的统治权一直掌握在泰赤乌和乞颜两家贵族手中，其他蒙古部众都成了他们的属民。

游牧贵族的权力主要来源于对外掠夺战争。因此，随着贵族势力的增长，各部之间的相互争战就越来越频繁、激烈了。克烈部和塔塔儿部之间在十一世纪末到十二世纪上半叶几十年中，大规模的战争就打了五次。克烈和乃蛮之间由于境界相邻，也经常彼此攻掠。蒙古部和塔塔儿部更是“世仇”。合不勒曾帮助翁吉剌人攻打塔塔儿，掳其首领。后来，当继合不勒担任蒙古部首领的俺巴孩送自己的女儿去塔塔儿部成亲时，被塔塔儿人抓起来献给金朝，最后被金朝按惩治叛部的刑法，钉在木驴上处死了。俺巴孩临死时对部下说：“你（回去）对合不勒罕七个儿子中间的忽图剌跟前，并我的十个儿子内的合答安太子跟前说：我是众百姓的主人，为亲送女儿成亲，被人拿了。今后以我为戒，你们（即使）将五个指甲磨尽，（即使）坏了十个指头，也要与我们报仇！”俺巴孩的继承者忽图剌罕和塔塔儿打了十三次仗。这些战争虽是在“血族复仇”的名义下进行的，实际上却都具有明显的掠夺性质。蒙古部和蔑儿乞人也互为仇敌，多次发生战事。

不仅部与部之间争战不休，就是同一个部内的各支贵族之间，为了争夺统治权，也相互倾轧、残杀。像克烈部的首领王罕和他的叔叔、兄弟，乃蛮部的太阳罕和他的弟弟，都处在势不两立的矛盾之中。蒙古部从忽图剌罕死后，泰赤乌和乞颜两家贵族也发生了分裂。《元朝秘史》书中描写当时的情况说：

有星的天，
旋转着。
众百姓反了，
不进自己的卧内，
互相抢掠财物。
有草皮的地，
翻转着。
全部百姓反了，

不卧自己被儿里，
互相攻打。

这就是那个时代的情景。这种情景的出现，不仅是蒙古各部奴隶主互相残杀造成的，也是金朝残暴统治的结果。金朝统治者为了防止它的属部——蒙古各部的强大和侵扰内地，采取了挑拨蒙古各部关系、使它们互相残杀的办法，使蒙古各部之间本来就存在的血族复仇战争，连续不断地打下去。金世宗大定年间，金朝统治者还派兵剿杀蒙古人，称为“减丁”，金兵大肆掳掠蒙古人民，把掳掠来的蒙古孩童卖给山东、河北的地主和官僚，还禁止内地的物资，特别是铁器运到蒙古。因此，蒙古各部人民对金朝统治者恨入骨髓。

长期的动乱也使蒙古各部人民失去了相对安定的生产和生活条件。他们强烈希望结束这种互相残杀的无休止的战争，渴望解除女真贵族的民族压迫，要求出现一个各部统一的局面。强有力的贵族也在利用这种局面，竭力争夺别部的百姓，扩大自己的力量，进一步夺取天下，成为众汗之汗。正是这样的历史条件，把“一代天骄”成吉思汗推上了完成统一大业的地位。

二、漠北的统一

在逆境中壮大

铁木真九岁时，他的父亲也速该带他到翁吉剌部去求亲。按照蒙古人古老的习俗，定亲后就把铁木真留在岳父特薛禅家里。也速该在回本部的路上，经过塔塔儿人的营盘。塔塔儿人认出他是他们的仇敌，将毒药下在酒里给他喝。一回到家，也速该就毒发而死，临死前留下遗言，让铁木真回归本部来。

也速该在和塔塔儿、蔑儿乞人的战争中战功最著，被推为乞颜氏的首领，拥有一支强大的力量。泰赤乌氏贵族本来就忌恨他的势力，觊觎他的部众。因此，也速该一死，他们不但不为他复仇，反而乘机夺走了他的部众。很多乞颜贵族也撇下铁木真母子，改投到泰赤乌麾下。一个名叫察剌合的老人出来劝阻。这些乞颜贵族们回答：

“深水干了，明石碎了。”他们认为乞颜部再也不可能复振，所以朝苦苦规劝他们的察剌合老人背上刺了一枪，跃马挥鞭，扬长而去。铁木真的母亲听说此事，急忙提枪上马追将前去，结果也只是邀回了少数人。少年铁木真的家族，一时陷入了困境。他的母亲带领着铁木真兄弟和妹妹，以及少数忠实的部众，居住在鄂嫩河上源肯特山旁，“拾着果子，撅着草根”，过着艰苦的生活。

铁木真渐渐长大了。失散的部众，有一部分又重新收集起来。泰赤乌氏贵族塔儿忽台等预感到让铁木真像鸟儿那样养丰了羽毛，就会变得难以控制，所以率领着护卫军来攻打他们。

铁木真兄弟们躲在险要处与泰赤乌对峙。泰赤乌人大声吆喝：“只将你哥哥铁木真（捉）来，其余的人，我不要！”铁木真一听，翻身上马窜进密林之中。泰赤乌人围住密林，捉获了他，并在他的脖子上套上了枷板。他的两个拳头被锁固在枷板的两侧。但是不久，他还是伺机脱逃了。泰赤乌人乘着明亮的月光追踪而来。铁木真跳进鄂嫩河的一条小河道里，将全身浸没在水中，只有鼻子露在水面上。

泰赤乌人在河边的树林里仔细寻找铁木真。

一个叫作锁儿罕失剌的人一眼瞥见了躺在水中的铁木真，对他说："正为你这般有见识了，所以上泰赤乌兄弟们妒害你。你谨慎只那般卧着，我不告你。"泰赤乌人搜了一遍，没有找到，再回过头来重搜。锁儿罕失剌对族人说："你们白日里失了人，如今黑夜里如何寻得？再回原行的路上去，将不曾见处仔细排寻了散着，明日再聚着寻。这带枷的人（能往）哪里去？"随后他又走到铁木真躲藏处，悄悄地说："我们只这一遍排寻回去了，明日再来寻。如今我们散了后，你自寻你母亲兄弟去。若见人时，休说我见你来。"

铁木真身带枷锁，既无马匹，也无粮食。他左思右想，无法跨越荒漠去找自己的部众。因此趁黑夜又找到锁儿罕失剌的帐中，在锁儿罕失剌的帮助下又一次躲过了泰赤乌部人的搜捕，并骑着马匹，带着口粮弓箭回到了本部。为了酬谢锁儿罕失剌在他患难时候所给予的帮助，他称汗以后，封锁儿罕失剌及其后人为"答剌罕"，给予自在下营、免征差发、九次犯罪不罚等特权。

铁木真与母亲和诸弟们会合不久，又遭到泰赤乌游骑的攻掠，将他们在上次洗劫中剩留的马匹赶走了。日落以后，铁木真上马去追击敌人。

一连追了三天，人和马都疲惫不堪。这时他遇到一个与他年龄相仿的青年，便向他打听赶着那群被盗走的马匹的泰赤乌骑兵。这个青年一听他就是也速该的儿子、只身从泰赤乌人那儿逃出来的铁木真，立即从自己的马群里选出两匹骏马，与铁木真一起出发去追击敌人。他们终于夺回了失马，并击退尾随而来的泰赤乌人。奇迹般的冒险经历进一步加深了两人之间的友情。这个青年人决定离开自己的家，跟随铁木真，做他的“那可儿”（“伴当”，即伙伴、战友）。他就是铁木真的第一个伴当博尔术。以后，铁木真在他周围结聚了越来越多的伴当。伴当关系是依靠建立在个人效忠基础上的誓约来维系的，与部族血缘关系不一样。铁木真在统一漠北的过程中，就是以“那可儿”的力量为中坚，战胜了草原旧贵族的联盟。

铁木真的势力在与逆境搏斗中逐渐增大。这时候，他把留在翁吉剌部的孛儿帖作为夫人，正式接回到自己的驻地。铁木真认识到，要抵抗泰赤乌氏贵族的压迫，重振旧家业，必须寻求一个更强大的势力作庇护。于是他来到土剌河黑林（今蒙古乌兰巴托南）地方，向他父亲的“安答”（义兄弟）——克烈部首领王罕贡献贵重礼品，尊奉王罕为父。

可是，羽毛未丰的铁木真，又遭到三姓蔑儿乞人的袭击。他闻讯便仓促上马撤退。孛儿帖夫人因没有找到坐骑，被蔑儿乞人俘虏了。铁木真在王罕和札只剌氏贵族札木合援助下，打败了蔑儿乞部首领脱脱，夺回了妻子和被掠家人，杀了许多仇敌，并将他们的妇孺掳为奴婢。就在这次动乱后，孛儿帖生下了长子朮赤。所以，朮赤的血统后来一直受到怀疑。

经过这次战争，铁木真的力量更快地壮大起来。一两年后，他便摆脱对札木合的依附，从斡难河中游的札木合营地迁到克鲁伦河上游的桑沽儿小河（臣赫尔河），独立建营。许多蒙古部众被吸引到他的一边。

这时，一些原来有名望的乞颜氏贵族也向铁木真靠拢。他们是：合不勒汗的长支主儿乞氏的撒察别乞、泰出，忽图剌汗之子拙赤和阿勒坛，也速该之弟答里台斡赤斤，捏坤太石之子忽察儿等人。

这样，在铁木真周围就聚集了两种人：一种是出身于一般氏族的平民或地位低微的奴隶，他们成为铁木真直接管辖的部属，结成主人和那可儿的关系；另一种是游离的旧贵族，他们也具有和铁木真同样高贵的身份，并有自己的属民，只是力量不大，想借助铁木真的势力，在掠夺战争中获得更多的财富。在当时，只有这些贵族才有推举领袖的资格。经过协商，他们推举铁木真为首领，并表示服从他的领导，于是结成了乞颜氏的贵族联盟。时间大约是1189年，铁木真二十八岁。

这次联盟的组成，和合不勒罕时代以来的蒙古部贵族联盟没有什么本质上的不同。参加联盟的各支贵族都拥有独立的地位，只有靠盟誓联结在一起。但是，随着争夺草原统治权的斗争日益激烈，这种旧式贵族联盟便暴露出它的弱点：各谋自家利益的贵族，极易分裂，并且相互争吵，难于形成一个统一的强大势力。历经忧患的铁木真意识到这一点，因此，一经贵族会议推举为首领，就立即建立起一套巩固自己统治地位的制度。他任命最早追随他的亲信那可儿博尔术和哲勒蔑为那可儿之长，并分设了带弓箭的、管饮膳的、掌管牧羊只的、管修造车辆的、管家内人口的、带刀的、掌驭马的、管牧养马群的、负责远哨近哨的和守卫宫帐的等十种职务。担任这些职务的人员，除其弟外，几乎全是出身于奴隶或属民。他们不像旧贵族那样拥有显贵的族望和属民，全凭铁木真“用人肉养着，用铁索拴着”，随时可以纵放出去搏噬猎物。通过这套制度，铁木真组成了一支以那可儿为核心的精悍队伍，作为自己力量的基础。

当时，新建立的以铁木真为首领的乞颜氏兀鲁思，只控制着克鲁伦河上游一带不大的地盘，部众也不很多。铁木真知道，要在激烈的纷争中巩固自己的权力，还必须继续依靠强大的克烈部首领的支持。就任可汗后，他立即派使臣向王罕报告此事，得到了王罕的允准。

十三翼之战

札木合和泰赤乌氏贵族自然不能容忍出现一个新的强大势力，来与他们争夺蒙古部众。他们时刻都在伺机要扑灭铁木真这个可怕的对手。以札木合部人劫掠铁木真的马群而被射死为导火线，蒙古部贵族之间的一场战争爆发了。这就是铁木真统一漠北诸部过程中最著名的战争之一——十三翼之战。

札木合联合泰赤乌等部，起兵三万来进攻铁木真。铁木真得到札木合部下亦乞列思人孛秃的报告，也将自己的部众和各家贵族的兵力，组成十三翼，布列于答兰版朱思之野，准备迎战。其中第一翼为铁木真之母诃额仑统领的亲族、属民、养子、奴婢和属于她个人所有的人们；第二翼为铁木真自己统领的诸子、诸那可儿，特别是从属于他个人的具有特殊关系的护卫（怯薛）；第三翼到第十一翼都是乞颜氏各贵族所率领的族人和属民；只有第十二、第十三两翼是来附的旁支尼鲁温氏族人组成的。这就是当时乞颜氏兀鲁思的全部阵营，虽然其首领铁木真和他所统领的那可儿集团居于核心地位，但还不占优势。十三翼的全军兵数约三万人。由于铁木真的势力还处在初兴阶段，他在这次战争中失利，被迫退到鄂嫩河上源的狭地中去了。

泰赤乌贵族虽然势力强盛，但“内无统纪”，各强支之间互争雄长，不能统一；对部众的剥削和压迫又十分残暴，常攘其车马，夺其饮食。因此不仅他们的属民日益困苦，依附于他们的弱部首领利益也受到侵害。与他们的骄横态度相反，铁木真则采取了笼络人心的做法。在一次围猎中，故意将野兽驱入泰赤乌属部照烈氏的猎场，让他们多获，然后邀与结盟。照烈氏首领本不满于泰赤乌贵族的欺凌盘剥，于是率部来归。他们对铁木真说："我们像无夫之妇、无主之马一样，因为泰赤乌氏贵人残害我们。现在我们为了你的友好相待，愿为你冲锋陷阵，去消灭你的仇敌。"铁木真从这些话中受到启发，找到了与泰赤乌贵族争夺部众的好办法。此后，他对部属更多施仁义，关怀笼络。泰赤乌贵族的属民多苦其主非法，见铁木真宽仁，时常将裘马送人，于是兀鲁兀（术赤台）、忙兀（畏答儿）、晃豁坛、逊都思（赤老温）等族人纷纷来附，他的力量壮大了。

紧跟着而来的一次机会，又使铁木真的威望和权力空前提高，这就是配合金朝夹攻塔塔儿人的斡里札河之战。

斡里札河之战

塔塔儿是金朝的属部。金建国以后，一直利用他们防卫东北路边墙，使其与别部相互牵制，在金与蒙古诸部之间起一种缓冲作用。塔塔儿人在金的支持、挑动下，经常攻击蒙古、克烈等部。金章宗明昌六年（1195年），呼伦贝尔地区的蒙古部落撒勒只兀惕（山只昆）、合答斤（合底忻）联结翁吉剌（广吉剌）等部，侵扰金国边境，金遣夹谷清臣等率师北伐，并征召诸乣部族军从征。金军进至合勒河（哈拉哈河）、栲栳泺（呼伦湖），攻下许多营寨。塔塔儿部（北阻卜）趁金军回师时，拦夺其所获羊马，清臣遣人命其纳还赎罪，塔塔儿因此叛金。承安元年（1196年），金遣丞相完颜襄统兵专讨塔塔儿，进至龙驹河（克鲁伦河），将其击溃。塔塔儿部众向斡里札（浯勒札）河逃奔，完颜襄遣兵追赶。

铁木真得到这个消息，立即报告王罕，要求他出兵共同协助金朝攻打塔塔儿，并以“为父祖复仇”的名义，征集主儿乞等族人参战。主儿乞氏没有出兵，铁木真只率领自己的一营（古列延）人马与王罕军会合，从斡难河上游东进至斡里札河的纳刺秃失秃延、忽速秃失秃延之地。塔塔儿人正筑寨坚守，他们攻破这两个寨子，捕杀其首领，掳走了车马粮饷。

这次战事不仅使铁木真打击了东邻的劲敌，

使塔塔儿部从此一蹶不振，并且在蒙古部族中赢得了“为父祖复仇”的声望，更重要的还是得到了金朝的封赏。完颜襄因他为金朝立了大功，承制授以“札兀惕忽里”（乣军统领，乣军是辽、金以边地部落所组成的军队）之职，并表示回朝奏明皇帝，赏他更大的“招讨”官。王罕是大部可汗，此次战争中他是主力，因此得了“王”的封号。他本名脱斡邻勒，在汗号之上再冠以王的头衔，因此改称王罕。金朝的封赏大大提高了铁木真的政治权力，从此他可以用朝廷命官的身份号令蒙古部众和统辖其他贵族了。

在斡里札战役以前，乞颜氏贵族的内部矛盾已经暴露。主儿乞氏依恃着长支族望和所继承的精悍部众，看不起铁木真家族。撒察别乞等人虽然推举铁木真为联盟的首领（汗），但并不愿意服从他的管辖，而且一直怀着争夺权位的野心。在一次亲族会宴中，双方就发生了争执。成吉思汗一异母弟别里古台被砍伤了右臂。

攻打塔塔儿时，铁木真征召主儿乞氏出兵助战，撒察别乞等不仅不听号令，反而乘他率军出战之机，劫掠了他的奥鲁（“老小营”，军队出征时留在后方的家眷和辎重）。这样，铁木真就有充分的理由来收拾对手了：第一，宴会上虐打他的人和砍伤别里古台；第二，不肯出兵“为父祖复仇”；第三，抄了他的老营；第四，违背了推举可汗的盟约。于是，他从斡里札河回军后，就趁新胜之势立即出兵征讨主儿乞氏。主儿乞的营盘在克鲁伦河的阔迭额阿剌勒的朵罗安孛勒答黑（今克鲁伦河与臣赫尔河合流点之西的巴彦乌拉山南麓），铁木真大军一到，撒察别乞和泰出自然不能抵敌，只带着少数人逃跑了。以前合不勒汗挑选出来授予长子的“有胆有勇的百姓”，遂全被铁木真兼并过来，成了他的“体己百姓”，其中就有后来“四杰”中的两人：许兀慎氏人博尔忽、札剌亦儿人木华黎。

不久，逃亡的撒察别乞和泰出两人也被捕获，铁木真责以背弃盟誓，将他们处死，果断地消灭了亲族中最有势力的长支贵族，使他的可汗权力大大提高，开始从贵族联盟的首领向真正君主的地位转化。这是他走向成功道路上跨出的重要一步。从此他不断地削弱旧贵族的权力和地位，迫使他们逐渐降为从属于他的一般那可儿。

东部地区的争夺

金朝在镇压塔塔儿叛乱后，又于承安三年（1198年）遣完颜宗浩、完颜襄等出动大军剿讨翁吉剌、合答斤、撒勒只兀惕等部，使这些“桀骜不驯”的部落力量大大削弱。然而，金朝的势力此时也已逐渐衰弱，无力继续控制蒙古草原了。完颜襄等虽然得胜回师，金朝反而将临潢路的界壕边堡大大内移。这无异于为铁木真扫清障碍，让他更方便地去夺取富饶的呼伦贝尔草原。

消灭主儿乞氏后，下一个与他争夺蒙古部众的对手就是泰赤乌氏贵族了。1200年，他与王罕会于萨里川，共同发兵攻打泰赤乌。蔑儿乞部首领脱脱遣其子忽都等统兵来助泰赤乌。双方会战于斡难河上，泰赤乌氏败，退至月良兀秃剌思之野（今苏联赤塔南之鄂良古依河地），整军再战。经过激烈战斗后，泰赤乌氏终于被击溃，首领塔儿忽台等被杀，沆忽阿忽出等遁入巴儿忽真隘。

泰赤乌氏被消灭后，王罕和铁木真的进取目标自然转向呼伦贝尔地区。居住在那里的合答斤、撒勒只兀惕、朵儿边、塔塔儿、翁吉剌等部联合起来，在呼伦湖附近的阿雷泉举行庄严盟誓，共同与王罕、铁木真对抗。铁木真得到其岳父、翁吉剌人特薛禅的密报，即会同王罕军进至捕鱼儿海子（今贝尔湖）。合答斤等部的抵抗极其顽强，但终因力量已被金朝的征讨削弱，遭到了失败，其部众、牲畜多被王罕、铁木真兼并掠夺而去。随后铁木真就驻军于呼伦贝尔地区，继续收拾那里的塔塔儿等残部。

1201年，札木合搜罗了一批败散的旧贵族，包括塔塔儿、翁吉剌、合答斤、撒勒只兀惕、泰赤乌、朵儿边、豁罗剌思等各部首领，在额尔古纳河与刊河（今根河）、秃律别儿河（今得耳布尔河）汇流处附近的忽兰也儿吉集会，结成了一个松散的联盟，推举札木合为“古儿汗”。札木合联盟实际上是一群各怀鬼胎的乌合之众，既无共同的政治、经济基础，又无统一的军事力量；他们的目标只是要维护各自的贵族地位，因此也得不到部众的拥护。这就注定了他们必然失败的命运。

札木合联军秘密地进袭铁木真。联军中有一个叫塔海哈的人，素与铁木真的部下抄吾儿相友善。恰巧这时抄吾儿去看塔海哈。塔海哈策马与抄吾儿并驱时，伺机用马鞭戳了抄吾儿一下，随即向他使了个眼色。抄吾儿借故下马，两人落到马队之后，塔海哈急忙将札木合等人的“河上之盟”告诉了抄吾儿。于是这个消息很快被报告到铁木真那里。铁木真立即起兵迎战，在海拉尔河的小支流帖尼火鲁罕（火鲁罕意为“小河”之地），击溃了札木合军。参加联盟的诸部首领顿作鸟兽散。

打败札木合后，铁木真仍把注意力放在巩固新占领的呼伦贝尔地区。1202年春，出兵征讨居住在答阑捏木儿格思（今蒙古东方省贝尔湖南讷墨尔根河地）地区的塔塔儿人，穷追至兀鲁回失连真河（今内蒙古东乌珠穆沁旗乌拉盖河、色也勒钦河），将塔塔儿部消灭。至此，西起鄂嫩河上游，东至兴安岭，这一片广阔而富饶的地区都落到铁木真手里了。

这次打塔塔儿人的战役之前，铁木真颁布了一道极重要的命令（札撒）：“在战胜时，不许贪财，既定之后均分。若军马退动至原排阵处，再要翻回力战，若至原排阵处不战回者，斩。”这两条法令，是针对旧贵族联盟时代的掠夺战争中那种各自抢掠财物、各自指挥本支人马随意进退的弊病而立的。它实质上是规定了战利品应当由可汗统一分配，论功行赏；战斗时应当服从统一的军令。这是铁木真被推举为汗后的第一次立法，其意义在于进一步提高汗权，限制旧贵族。果然，阿勒坛、忽察儿、答里台等贵族不遵从法令，仍按老规矩随意抢掠，铁木真命其那可儿忽必来、哲别二人将他们抢到的牲畜、财物尽数夺来，分配给众军。

同年秋，乃蛮部的盃禄汗联合蔑儿乞部的脱脱和斡亦剌部的忽都合别乞，进兵东部攻打王罕和铁木真。札木合与泰赤乌、朵儿边、合答斤、撒勒只兀惕、塔塔儿等部残余势力，都汇集到乃蛮盃禄汗旗下，一时声势颇大。王罕、铁木真军从兀鲁回失连真河退入金边墙，倚边墙为壁。乃蛮联军至，大战于阙亦坛之野（阙亦坛，意为"冷"，在今哈拉哈河上源处）。王罕、铁木真凭据有利地形，而乃蛮军则因地势险峻，气候寒冷，不利作战，札木合等诸部军见势不妙，都星散离去，于是盃禄汗只得引军退还。经过这次战役，铁木真的地位更加巩固了。

克烈部的败亡

从1189年铁木真被推举为乞颜氏首领以来，一直与王罕结盟，巧妙地凭托克烈部的势力来壮大自己。他对王罕也可说是恪守臣子之职，凡有虏获，必先贡献给这位“汗父”。当时，王罕的势力无疑是最大的，但他却没有能成为完成统一的人物。他既贪婪残忍，又平庸无能。夺取汗位后，他残杀诸弟，以致克烈部贵族之间的矛盾十分尖锐；又不能安抚部众，因而有不少克烈人在他灭亡以前就投归铁木真。当初他支持铁木真，只是把这个年轻首领看作可供利用的附庸。

击退乃蛮后，铁木真为长子朮赤向桑昆（王罕之子）的女儿求婚，遭到无礼拒绝。骄横自大的王罕父子并不把对方当作平等的同盟者看待，但此时的铁木真已经羽翼丰满，不再是王罕驯服的海东青了。双方的矛盾终于发展成战争。

1202年春，王罕父子和投靠他们的蒙古贵族计议，伪许婚约，请铁木真赴宴，乘机杀他。阿勒坛弟也客扯连的两个奴隶巴歹和乞失里黑探知密谋，连夜驰奔铁木真报告此事。王罕谋泄，发兵来袭，铁木真仓促整军迎敌，大战于合兰真沙陀之地（当在今东乌珠穆沁旗北境）。和“形势盛强”的王罕相比，铁木真当时还处于劣势，虽经苦战，稍却王罕军，但终因众寡不敌，部伍溃散，他只带着十九人落荒而逃。途经一沼泽地——“班朱尼河”（即“沼泽”之意），荒远无所得食，射野马为粮，饮浑水止渴。后来，这件事作为成吉思汗艰难创业的佳话载入史册，凡“同饮班朱尼河（浑）水者”，均封为功臣。

合兰真沙陀之战是成吉思汗一生中最艰苦的战斗，他第一次单独与当时蒙古草原上最强大的贵族势力进行了较量，虽然暂时失败，但并没有被吃掉。他退却至哈拉哈河上游的建忒该山，溃军渐集。遂移营董哥泽（当在今贝尔湖之东），一面遣使历数王罕背盟弃约诸事，并请求媾和，一面利用喘息时机，在呼伦贝尔湖和克鲁伦河下游一带休养士马，收集部众。同年秋，他的军事力量就恢复了。

合兰真沙陀之战后，王罕和追随他的蒙古贵族就发生了分裂。札木合、阿勒坛、忽察儿、答里台等人密议：“我们可以袭击王罕，自立为王，既不附王罕，也不附铁木真。”王罕得悉其谋，起兵攻之，答里台逃归铁木真，札木合等奔乃蛮。

铁木真探知王罕正搭起金帐，宴饮欢娱，毫无防备，遂用偷袭战术，秘密包围折折运都山王罕驻地，突然发起进攻。经过三天三夜激战，击溃了王罕主力。王罕狼狈西逃，进入乃蛮边界，被乃蛮守将所杀。消灭强盛的克烈部，是铁木真登台以来取得的最大胜利。至此，在漠北草原，他已三分天下有其二，“帝业”基本上奠定了。

王罕被铁木真击败时，他的部下合答黑拔都鲁为掩护王罕逃走，拼命抵抗铁木真的军队，激战三天三夜才力竭投降。铁木真问他为什么死命抵抗，他说：“我不忍让正主（指王罕）教你抓去杀了，所以激战了三昼夜，好让他逃得更远一些。如今你要我死便死，若赐我活着，我便为你出气力。”铁木真说：“不肯弃他的主人，拼命抵抗，与我厮杀，好让主人逃得远远的，是大丈夫，可以留下来与我做伴。”他命令他掌管一个百户。王罕之子桑昆的那可儿阔阔出与合答黑正相反。他盗杀了桑昆的坐骑，把桑昆丢弃在荒野里，独自去投铁木真。铁木真说：“这等人如何教他做伴当！”下令将阔阔出杀死了。铁木真经常以对待自己的主人是否忠诚为标准奖惩敌方将士，教育部属对自己绝对忠诚。

乃蛮部的灭亡

王罕的覆灭震惊了乃蛮统治者。一向被他们视为“歹气息、破衣服”的落后的蒙古人，居然把“在先的老皇帝”打垮，“莫不是他想做皇帝么？”自恃强大的太阳罕决定出兵征讨蒙古，并遣使联络漠南的汪古部，约其夹攻。但汪古部首领阿剌兀思剔吉忽里将使者缚送铁木真，报告了乃蛮人要来进攻的消息。

此时，乃蛮国势已经衰弱。太阳罕懦弱无能，只知打猎娱乐，兄弟各据一方，不能统一；部将不满，军纪松弛。然而太阳罕仍十分骄横，夸言将蒙古人“生得好的妇女掳来，将他们的弓箭夺来”（意谓征服），“那般呵，有甚难！”1204年，他统兵东进，至杭爱山北的合池儿水（今哈努伊河）下营，会合蔑儿乞部首领脱脱、斡亦剌部首领忽都合别乞以及札木合所率朵儿边、合答斤、撒勒只兀惕、泰赤乌等残部，共同进攻铁木真。

铁木真及其那可儿们本来就把“国土广大、百姓众多”的乃蛮作为下一步夺取的目标，且已了解其国势虚弱，不难征服。如今他们先来侵犯，正是攻取的最好机会。经商议分析敌情后，铁木真决定起兵迎战。此时各支的贵族已被一一消灭，簇拥在他身边的都是听命于他的那可儿，无人能与他分庭抗礼了。所有部众都是他的臣民，不再分属于各家贵族了。这使他有可能进一步健全军事组织，提高汗权。他把军马集中在哈拉哈河旁，下令进行整顿：

1. 将所有军队按千户、百户、十户统一编组，委派了各级那颜；

2. 设立扯儿必官（统领），任命其亲信那可儿六人为扯儿必；

3. 成立护卫军。设八十宿卫，七十散班，四百箭筒士；从千户、百户那颜和白身人的子弟中拣选身材好的做护卫；命阿儿孩哈撒儿选一千名勇士管领着。同时还规定了轮番宿卫的制度。

千户制和护卫军的建立，使铁木真的军队成为一支纪律严格、高度集中的武装力量，与昔日贵族联盟时代那种每家“一圈子”各自为政的松散组织形成鲜明对照。这套制度不仅加强了铁木真的权力，而且确定了追随他的那可儿们的那颜阶级地位，从而激励他们更忠诚更勇猛地去为他的“帝业”战斗。

整顿完毕，铁木真率军沿克鲁伦河西行。汪古部首领也率军助战。铁木真将军马散布在萨里川，令每人烧五堆沟火以虚张声势。这一下果然惊坏了乃蛮军前哨。他们急忙赶回去向太阳罕报告说：“达达军马已塞满了萨里川地面，想是每日增添。只见夜里烧的火，一如星般多了。”

太阳罕原以为蒙古人少马瘦，可以轻取，曾经扬言：“若见了达达们，要杀得他们连小羖䍽羔儿的蹄皮也不留。”但到了这时候却惊疑畏惧。他的同盟者札木合看到乃蛮部众虽多，却“无斯杀的气象”，便悄悄地领着自己的人马离去了。太阳罕更加临阵怯战。

铁木真军逼近了。双方鏖战于纳忽昏山（今巴彦乌拉山），太阳罕伤重失利。夜间，乃蛮部众企图突围撤退，从山崖上掉下来，又自相践踏，死伤惨重。次日，太阳罕即势穷被擒，不久因伤重死去。他的儿子屈出律率残部逃奔盃禄汗。铁木真乘进抵阿勒台山（今阿尔泰山）前，征服了太阳罕所属的乃蛮部众。残余的蒙古部贵族势力和蔑儿乞三部之众，也相继被征服。一直与铁木真为敌的札木合，被自己的随从抓了送给铁木真，被铁木真处死。这时候，西起阿勒台山、东至兴安岭的整个漠北草原各部族，几乎全都成了铁木真家族的属部。漠北草原的客观历史进程，终于选择了铁木真来建立一个草原帝国。

三、大蒙古国的建立

铁木真攻灭太阳罕部，最终奠定了他称雄漠北的大局。同时，他也没有忽略利用神权的力量来加强自己的声望和地位。

蒙古人当时普遍信仰一种原始的巫教，叫萨满教。他们相信巫师能够和上天通言，传达上天的意旨。这时出现了一个名叫阔阔出的巫师。据说，他在极其寒冷的冬夜，赤着脚穿过草原和群山。当他回来之后，就向大家宣布："我已见到了上天。上天告诉我说：'我已经把天下给了铁木真和他的子孙。'"

所谓"天下"，本来是铁木真顺应时势、依仗他个人的杰出才能夺来的。不过，他当然十分乐意以"长生天意志"的名义去接受它。现在，这样的时机终于成熟了。

1206年春天，四十五岁的铁木真在他祖先一直以来居住的鄂嫩河源头召开隆重的忽里勒台

（“大聚会”），竖起九脚白旄旗，宣布登上大汗的宝座。大斡耳朵（宫帐的意思）面临的宽阔的广场挤满了游牧的骑士。一桶桶的酸马奶和各式各样的奶制品源源不断地送进斡耳朵，也散发给宫帐外广场上的人们。阔阔出在开大会时又装神弄鬼了一番。他对铁木真说：“如今地上称汗的各国君主都被你征服了，他们的领土都归到你的治下。所以，你应该有‘普天下之汗’的尊号。上天的旨意，你应该被称为成吉思汗。”

“成吉思”的意思，据当时有的人说是“天赐”。后来还有记载说，铁木真即位前，有五色鸟在天空中飞翔，不停地发出“成吉思、成吉思”的叫声，所以就用这吉祥的声音来做称号。而另一些学者研究的结果，认为这个字来源于突厥语词汇“海洋”，大概是以此来形容大汗像海洋一般广阔而无上的权力。

成吉思汗建立的国家，称为“也客忙豁仑兀鲁思”，意谓大蒙古国。在这以前，大漠南北许许多多部落都有自己的名称，蒙古部只是其中的一部。这时，各部被统一在大蒙古国的统治之下，人民按千户的组织形式编制，于是共同使用了“蒙古”作为他们的总名称。

成吉思汗即位后，就将全蒙古百姓划分为九十五个千户，委任共同建国的功臣做千户那颜。千户之下为百户；百户之下为十户，又称牌子头。九十五个千户中，除少数是由同部落人组成的以外，多数是将被征服的各部打散，混合编组。每一个千户都指定一个地盘供他们游牧，由千户以下各级那颜统领。各千户所管的百姓，不许变动，任何人如果离开自己所属的千户、百户或十户，跑到别的单位去，就要被处死，接受他的人也要受到严厉的惩罚。国家按千户来征派徭役和签调军队，凡十五岁至七十岁的男子都要服兵役，随时根据命令，自备马匹、兵仗，由本管那颜率领出征。因此，所有蒙古成年男牧民，同时也都是战士，他们"上马则备战斗，下马则屯聚牧养"。这样，千户既是大蒙古国的地方行政单位，又是军事单位，它代替了原来蒙古草原上星罗棋布的部落和氏族。千户制度的建立，使得大蒙古国的统一大为巩固了。

成吉思汗又任命亲信大臣木华黎为左手万户，管辖东边直到大兴安岭的各千户；博尔术为右手万户，管辖西边直到阿尔泰山的各千户。此外，还任命原来蒙古长支氏族的贵族豁尔赤为管辖额尔齐斯河以东林木中百姓的万户；忠心耿耿为成吉思汗效力的纳牙阿，则封为中军万户，统领成吉思汗的护卫军。

成吉思汗的家族是大蒙古国的最高统治集团，称为“黄金家族”。按照蒙古人自古以来分配家产的传统，他把一部分百姓分配给弟弟和儿子们，并划定了他们各自的牧地范围，蒙古语称为“农土”（营盘地）。大部分百姓归成吉思汗本人所有，按照蒙古人“幼子守产”的习俗，这份财产应由他的幼子拖雷继承。万户、千户等各级那颜的职位都是世袭的，但如果不称职或不忠诚，大汗可以将他们撤职，另任他人。他们是蒙古皇家的臣仆，同时又是高踞于普通牧民（哈剌抽）之上的统治阶级。成吉思汗就是通过那颜阶级来统治全蒙古百姓的。

还有一些功臣，由于对成吉思汗及其家族有恩，如在紧急关头救了他们的性命，则赐以“答剌罕”（自由自在的意思）的封号。得到这种特殊的恩封，就可以免除贡纳的义务；打仗时抢的东西，围猎中捕到的野兽，都可以完全归自己所有；游牧地区可以自己选择；可以不经通报就谒见大汗；九次犯罪不罚。答剌罕的封号也准许世袭。

为了确保大汗至高无上的威权，成吉思汗将原来的护卫军扩充为一万名，建立了一支由自己直接控制的强大的常备武装力量。这支军队既可以在大汗亲自统领下对外作战，又可以对各个千户起控制和统摄的作用。护卫军分为宿卫（一千人）、箭筒士（一千人）和散班（八千人）。他们的职责，平时是保卫大汗的金帐和分管汗廷的各种事务，战时则跟随出征。成吉思汗规定了严格的护卫制度：宿卫值夜班，箭筒士和散班值日班，各分为四队，每队轮流值三昼夜，周而复始，因此称为“四怯薛”，“怯薛”就是轮番值班的意思。四怯薛之长分别由成吉思汗最亲信的“四杰”——博尔忽、博尔术、木华黎、赤老温四人担任，并许其世袭。

成吉思汗又任命养弟失吉忽秃忽（一作胡土虎）为大断事官（蒙古语称为札鲁忽赤），掌管人户的分配和审断盗贼、诈伪的事，“凡断了的事，写在青册上，以后不许诸人更改”。大断事官是大蒙古国的最高行政官，相当于中原官制的丞相，所以后来汉族人称他为“胡丞相”。

蒙古人原来没有文字。1204年，成吉思汗消灭乃蛮部时，俘虏了为乃蛮可汗掌管印章的畏兀儿人塔塔统阿，问他管的印是做什么用的，塔塔统阿回答说：“凡是出纳钱谷、委任人材，一切大事都要用它作为信验。”乃蛮可汗的印是用古畏兀儿字刻的，成吉思汗知道塔塔统阿深通畏兀儿文，就命令他用畏兀儿字母来写蒙古语，创制了古蒙文，并且派贵族子弟跟他学习。蒙古人有了文字以后，文化进步很快，三四十年以后，就产生了用这种畏兀儿字蒙古文写的历史、文学巨著《蒙古秘史》（明初汉译本改名为《元朝秘史》）。后来元世祖忽必烈又命国师八思巴采用藏文字母创制蒙古新字，作为元朝官定的蒙古文。但元朝灭亡后，八思巴创制的蒙古新字就不再使用，而畏兀儿字蒙古文经过改革，更趋完善。一直到现在，我国蒙古族还使用这种字母。

蒙古文创制出来后，成吉思汗就用它来发布命令，登记户口，记录所办的案件和编集法令。在怯薛的职务中，设有必阇赤（书记）一职，专掌文书。随着大蒙古国领土的扩大，文书的使用范围越来越广，又增加了掌管汉文、畏兀儿文和回回文字（波斯文）的必阇赤，担任必阇赤长的人，地位也更加重要了。

大蒙古国建立之初，最重要的事情是组织军队。万户是军队的统帅，千户以下，既领兵作战，又管理百姓。国家的行政设置比较简单，到后来才逐步完善起来。虽然如此，大蒙古国的建立，毕竟是漠北高原最重大的历史事件之一，同时也是成吉思汗一生中最为辉煌的业绩之一。

十二世纪末，蒙古高原上有近百个大小不一、语言文化各有差异的游牧部落。他们互相掠夺仇杀，给草原社会的居民带来了很大的灾难和死亡。当时，谁能统一各部，制止抢掠和残杀，谁就会受到人民的拥戴和歌颂。成吉思汗完成了这一历史性的任务。由他所实现的蒙古各部的统一，打破了各部之间长期的割据状态，形成了地域的共同性，促进了他们之间的经济文化联系和共同语言的使用，为蒙古民族共同体的形成奠定了基础。所以，成吉思汗作为蒙古族的民族英雄，是当之无愧的。

建国后不久，他与巫师阔阔出的矛盾便逐渐激化了。这个阔阔出自以为传达“长生天”的旨意，帮助铁木真坐上大汗的宝座立下了大功，所以日益专横，势力也慢慢地扩大了。连成吉思汗的兄弟们，也被他又是殴打又是罚跪。成吉思汗的夫人孛儿帖流着泪对成吉思汗说："阔阔出在前将弟弟哈撒儿打了，如今又要你幼弟斡赤斤跪，是何道理？你今健在，他尚将你桧柏般长成的弟们残害。久后你老了（意即去世后），如乱麻群鸟般的百姓，如何肯服你小的歹的儿子们管？"

关于如何对待阔阔出的问题，成吉思汗或许已经思考很久了。听完孛儿帖的话，他沉思一番，断然对斡赤斤说道："阔阔出如今来时由你。"

阔阔出又来到成吉思汗的幄帐时，斡赤斤便起身揪住他的衣领，恨恨地说："你昨日教我服罪，我如今与你比试。"两人走出帐门，斡赤斤事先交代好的三个力士一哄而上，扭断阔阔出的脊骨，他很快地断了气。成吉思汗在与神权的争夺中，进一步巩固了汗权的地位。现在，他决定要到蒙古高原以外的地区，去施展自己的雄才大略了。

四、进攻夏、金

出征西夏

大蒙古国的建立，结束了漠北草原上群雄纷争的混战局面。同时，蒙古贵族又把规模越来越大的征服战争一次又一次地带给它的四邻。成吉思汗个人杰出的才能和草原游牧贵族强烈的掠夺欲望，毗邻各国的长期衰靡不振，似乎注定要把刚刚诞生的大蒙古国推上急剧膨胀的道路。大蒙古国的疆界跟在它的军队后面一步步地向外扩展，它的强盛武功震动了大半个欧亚。铁木真自称汗始，直至他的去世，差不多把所有的精力，全都投入了接连不断的对外征服。而这一系列的对外征服战争，可以说是从攻打西夏开始的。

西夏是党项人建立的政权。唐朝末年，他们居住在今陕西北部和内蒙古伊克昭盟南部。其首领拓跋思恭因率部助唐镇压黄巢起义有功，被唐政府封为夏州定难军节度使、夏国公，并赐姓李。至宋辽之初，其势力逐渐扩大。1038年，党项统治者李元昊称帝，正式建国号为夏，以兴庆府（后改为中兴府，今宁夏银川）为国都。西夏利用辽宋及金宋长期对峙的局面，对南北双方或战或和，在夹缝中求生存、图发展，先后将河套以南、黄河以西的大片领土扩入版图。它的疆域“东尽黄河，西界玉门，南接萧关（今宁夏同心南），北控大漠”。西夏受汉文化的影响很深。境内濒河诸州的农业，河西走廊、河套北部的畜牧业都相当发达，文化也很繁荣。

蒙古并吞克烈、汪古、乃蛮之后，便在南面分别与西夏和金朝互相毗连。富庶的中原与河西走廊当然都是成吉思汗所企图攻掠的目标。不过他采取了先攻夏、后打金的战略。这是不难理解的。夏、金相比，金毕竟是中原上邦。长期以来，漠北诸部（包括蒙古部）一直是它的藩属。根据《史集》记载，在当时北方各族心目中，金朝的国君是“极其强大而尊严的”。因此，对于和金国启衅开战，成吉思汗显得更慎重一些。从战略上来讲，西夏在金之西，北面与蒙古接壤。如先攻金，西夏很可能被金拉过去充当盟国。那时，如果它从西面出一偏师北进，直捣蒙古本部，将会对成吉思汗构成极为严重的威胁。为了全力攻金，应当首先剪除来自侧翼的犄角威胁。再从战术上分析，从漠北统一战争中锻炼出来的蒙古军队，擅长于在开阔的原野山地乘马鏖战。而南下进攻人口稠密的农耕定居地区，必须攻克设防坚固的城堡壁垒。对蒙古骑兵来说，这还需要有一个重新适应的过程，所以首先挑选一个比较弱小的对手是合适的。大概正是出于上述种种考虑，尽管不断地有金朝降人如李藻、田广明等力劝成吉思汗攻金，他还是不敢轻动，而坚持先打西夏。

蒙古对西夏的战争，早在成吉思汗即位的前一年就已挑开了帷幕。

1204年，他在纳忽昏山灭乃蛮太阳汗部，拓境至西夏北界。次年三月[①]，成吉思汗因克烈王子桑昆经西夏过彻勒遁逃，乃以西夏接纳仇人为由，出兵攻之。蒙古军攻拔边城力吉里寨（今宁夏中卫），进而破落思城，劫掠大批人口及骆驼、羊马后返回漠北。这次战争在很大的程度上带有抢掠的性质。

1207年秋，成吉思汗因为西夏不肯纳贡称臣，第二次率兵入侵。蒙古军攻克兀剌海城。驻营其地后，纵兵四出，大肆掳掠。西夏调动右厢诸路军抵拒蒙古军队。成吉思汗并没有率军轻进，次年春季，粮尽而还。这次军事行动，前后相继五个月余，史料上未曾留下强攻硬战的记载，看来很像是一次实力侦察。它必定为成吉思汗准备大规模的攻夏战争提供了不少经验。

1209年春，成吉思汗才真正对西夏大举进攻。这次，他仍然先攻边塞黑水城北的兀剌海城。夏襄宗李安全委皇子承祯为主帅，以大都督府令高逸副之，领兵五万抵拒。夏军战败，高逸被俘后不屈遇害。蒙古军攻入兀剌海城，在巷战中又俘获西夏的太傅西壁讹答，最后终于占领兀剌海城，并由此得以长驱直入河西地区，进逼夏都中兴府。李安全复命嵬名令公率五万士卒拒战。嵬名令公在贺兰山险隘克夷门设防，企图在这里挫败成吉思汗。

克夷门位于贺兰山中，是中兴府的外卫。这里两山对峙，崖壁峭立，悬绝不可登，只有中间通一路径，克夷门正扼其冲要。嵬名令公在这里布置重兵，志在必守。蒙古军到时，夏军居高临下，自山坂驰入敌军阵营，将他们击退。成吉思汗力战不克。双方在克夷门相峙两个月。这时候，西夏守军逐渐松弛。七月间，蒙古军设伏诱战，遣游兵将嵬名令公引入埋伏圈，擒之，遂破克夷门，进围中兴府。

蒙古军兵临城下，中兴府合城震动。李安全亲督将士守御城墙。在坚固的城防之前，蒙古军猛攻不能得手。九月，成吉思汗下令筑堤，引黄河水灌城。中兴危急。十月，李安全遣使突围，奔金乞援。金廷臣主张出兵援救。可是，金皇帝愚蠢到连唇亡齿寒的道理也不懂，自作聪明地说："敌人相攻，是吾国之福。有什么值得担忧的？"反而幸灾乐祸，听任不救。夏都日渐不支。

到十二月，河堤决裂，水势四溃。这时，中兴府城墙久经水淹，很容易倒塌，固然对西夏不利；但另一方面，蒙古军营也被决堤之水倒灌，已无法继续围城。中兴之困，不解自救，对西夏来说是不利变成了有利。成吉思汗眼看攻城不克，派西壁讹答入城谕降。李安全竟满口答应。他登上城楼，与成吉思汗隔水相见，以纳女称臣为条件，向蒙古乞求和平。成吉思汗这才决定退兵。这时已是1210年之初了。

西夏经过这次打击，从联金抗蒙转而依附蒙古、进攻金朝。成吉思汗不但解除了攻金时的侧后威胁，而且还可以利用西夏夹击金国。这样，蒙古军队就能毫无顾忌地转过来对付其垂涎已久的金朝了。

但是，由于成吉思汗在进攻金朝和西征西辽的过程中，不断向西夏征兵，使西夏统治者感到负担十分沉重，于是对蒙古渐渐疏远。这样，又引起蒙古的不满，侵西夏的战争又爆发了。

1217年，成吉思汗封大将木华黎为太师国王，率军侵金。木华黎南下进攻金国的同时，又一次派军队攻打西夏，蒙古军长驱直入，很快包围了中兴府，夏神宗李遵顼（夏襄宗李安全于1211年让位给他）逃到西京（即灵州，今宁夏灵武），让太子李德任守城。面对强敌，李遵顼不得不再次向蒙古请降，蒙古军撤退了。

1221年十月，木华黎由东胜渡河，准备经过西夏，进攻金朝的陕西地方。李遵顼惶恐不已，急忙派大臣塔海去迎接木华黎，又派塔海绀卜领兵五万，追随木华黎进攻金朝。

李遵顼于1223年把王位让给次子李德旺，自称上皇隐退。李德旺即位后深感蒙古势力的可怕，想乘成吉思汗西征之机，联合漠北诸部落，组成抗击蒙古的联盟。这时木华黎已经去世，其子孛鲁听到这个消息后，急忙从华北进攻西夏。1224年九月，蒙古军攻破银州，夏兵几万人战死，守将塔海被俘后遭到杀害，蒙古军掳掠牲口、牛羊达数十万之多。李德旺不得不再次表示臣服，蒙古军退走。西夏在蒙古军队的一再打击下，离覆亡的日期不远了。

南攻金国

1127年，女真逼宋南迁，在中原立国。金政权经过大定年间（1161年—1189年）的全盛时代以后，国势日渐衰落。章宗以后，金朝各种社会矛盾越来越尖锐。统治阶级为了维持腐朽豪华的生活，支付浩大的军费，拼命搜括百姓。其中为害最烈的两种手段，一是以“括民田之冒税者”为名，大量掠夺民间田地，其结果，到金末时，河南竟“官民地相半”；二是滥发钱币，致使交钞贬值，物价腾贵，甚至“万贯唯易一饼”。统治阶级内部也杀机四伏。皇室之内、权臣之间，党同伐异，争夺不已。军队的腐化尤其严重。女真族军队以猛安（三百户为一猛安）、谋克（十猛安为一谋克）制度编制而成。入居内地后，长期不耕不战，纪律松懈，士气低落。平时欺凌百姓，临阵未战先溃，几乎不能打仗。政治腐败，黄河不治，酿成三次河堤大决口，洪水淹没耕地，吞噬人畜，进一步加剧了社会经济的残破。金朝的民族矛盾也很尖锐。1161年，西北路契丹族人撒八、移剌窝斡领导的起义被镇压以后，对契丹族的统治日益严厉。契丹人思复亡国之仇，蒙古强盛以后，经常有人投奔蒙古，愿助其伐金。为金守御西北边墙的汪古人，也先后投降蒙古，对金倒戈相向。

处在这种形势下，成吉思汗加快了伐金的准备工作。金国的北边守将探得蒙古正忙于造箭制盾，且行营时令男子乘车以休养军队，觉察到它将要南下图金，连忙向朝廷报告。结果，这位将领却反而以"擅生边隙"之罪被打入牢中。

1208年，金章宗死。卫绍王完颜永济嗣登皇位，遣使传诏蒙古。这个完颜永济，曾在净州（治在今内蒙古四子王旗境）接受成吉思汗的岁贡。成吉思汗见他懦弱无能，对他颇为藐视。永济怀恨归朝，曾请出兵攻打蒙古。现在，奉接诏制的成吉思汗听说新皇帝竟然是他，就向南面吐口水说：“我以为中原皇帝是天上人做。像这样的懦夫难道也可以做吗？还拜他作甚！”说罢翻身上马，挥鞭而去。金使把这件事报告到朝廷，永济益怒，企图待成吉思汗再次入贡时，设计害他。成吉思汗从乣军那里得到这个消息，遂决意与金断绝国交，预备对它用兵。

1210年春，金将在西北路边墙上构筑乌沙堡。约在下半年，成吉思汗命大将哲别袭破乌沙堡，并略地而东。

哲别袭破乌沙堡，实际上是成吉思汗攻金的序幕。到1211年春季，他就亲自统率大军南下了。在亲征之前，他像以往采取重大军事行动时所做过的那样，独自一人登上高山，祷告天地，祈求“长生天”帮助他替被金朝残杀的先祖俺巴孩复仇雪恨。他不但利用“长生天”的感召力和复仇的口号来激励自己的军队，而且还竭力利用金朝的民族矛盾。他在侵金战争中，反复声称自己是被金朝灭国的契丹人的复仇者。他并在辽东半岛扶持起一个臣属蒙古的“辽王”。成吉思汗这一做法，对于部族成分十分复杂的金朝军队，起到了瓦解士气的作用。

1211年七月，成吉思汗率领的一军以哲别为前锋，再次攻克乌沙堡。金军在蒙古骑兵突袭之下仓惶后撤。八月，成吉思汗驻营于抚州（今河北张北），布置军队，强攻金朝重兵扼守的野狐岭（在今河北张家口西北）。他先派察罕了解虚实。察罕回来报告说："金军'马足轻动'，不像是久经沙场的劲旅，不足畏惧。"成吉思汗于是下令击鼓进军。结果，金军惨败，死者"蔽野塞川"。蒙古军乘锐追击，大破溃兵。金朝的精锐，大半丧失于此役。

与此同时，另一路军队由成吉思汗的三个儿子术赤、窝阔台、察合台率领，从金西南路招讨司入边。戍守这里边墙的汪古部首领献关，并引导蒙古军大肆抢掠金西北边沿诸州。

1212年，成吉思汗移军攻金西京（今山西大同）。因中流矢，撤围退出长城。

1213年，成吉思汗会集大军，再由野狐岭入长城，在怀来（今河北怀来东）与金军决战。金兵再次败北。这一仗以后，金精锐部队几乎被全部消灭，伤亡的士卒"如烂木般堆着"。七月，大军直指居庸关。

金人在居庸关外布铁蒺藜百余里，冶铁固关门，置重兵守城。成吉思汗避实就虚，留部将与金兵对峙，自领精骑，兼夜循小径移袭紫荆关。黎明时，蒙古兵骑抵紫荆关，金守军从酣梦中惊起，仓卒应战，遂大败。蒙古军出紫荆关入关。这年秋天，成吉思汗兵分三路，遍掠华北诸州府。随后，三路军在中都附近会师。

1214年春，成吉思汗下营于中都北郊。诸将请乘胜破城。成吉思汗深知中都城墙坚实，不易攻下，所以宁肯以强兵作威慑，逼金求和。这时的金朝廷，内则刚刚经历权臣胡沙虎弑君另立的宫廷政变，外则惊悸于蒙古铁骑的凌厉攻势，因此正迫不及待地企图与蒙古议和。结果，金宣宗献出已被杀死的前皇帝卫绍王永济之女岐国公主，以及大批金帛、童男女各五百、骏马三千，由丞相恭送成吉思汗出居庸关。

这年五月，金宣宗不顾部分廷臣和舆情的反对，决意迁都南京（今河南开封）。六月，留驻中都南郊的部族军队乣军哗变降蒙。成吉思汗闻讯，立即遣军南下，与乣军会合，复围中都。

围城之战持续了将近一年。翌年五月，中都城破。屠戮和劫掠长达月余，金宫殿被大火焚毁殆尽。当时成吉思汗正在桓州避暑。他派失吉忽秃忽等人把中都帑藏抢掠一空，全数北运。在他亲自主持征服金朝的这一整个阶段中，他的政策始终以大规模的烧杀劫掠为显著特点。

中都甫下，他又派兵南指，企图骚扰南京。但在河南遭到金兵反击，随即渡河北归。

1216年春，成吉思汗带着大量的战利品——包括俘获的工匠——回到位于克鲁伦河的大斡耳朵。

从中都金朝旧臣中，蒙古人获得一个颇有声名的人物，即耶律楚材。他是辽皇族后裔，三岁丧父，由母亲抚养成人。耶律楚材自幼好学，博览群书，对天文地理、律历术数及释老医卜之说也有一定研究，是一个掌握了中原封建文化的契丹族知识分子。宣宗南迁后，耶律楚材为中都留守所用。蒙古军攻克中都后，风闻其人。1218年，他因成吉思汗召见北觐。成吉思汗对这个身材修长、美髯宏声的契丹人说："辽金世仇，我为你报了仇。"耶律楚材从容回答："我父祖辈已经入朝侍奉金室。既然做了它的臣下，难道还敢以君上为仇敌吗？"《元史》评论说："帝重其言，处之左右。"其实，耶律楚材之所以为成吉思汗所器重，最主要的原因，恐怕还是因为他深谙星历卜筮之术的缘故。蒙古人信奉萨满教，凡遇到重大的决策，常常烧羊胛骨，根据骨头上被火烧灼而成的裂缝预卜凶吉。耶律楚材是靠看星卜卦来算命说鬼话的，在形式上要比烧验羊骨头深奥和神秘得多，所以很容易受到成吉思汗的宠信。成吉思汗不呼其名，而称他“吾图撒合里”，意即“长胡子”。无论如何，耶律楚材因此得以久居成吉思汗近旁，并被当作“天赐我家”的奇才留给这位蒙古大汗的继承人窝阔台汗，这就使他逐渐地有机会参与国政，在保护中原经济文化方面，做了不少很有益的事情。

华北地区几经残破之后，成吉思汗便把他的注意力转向蒙古草原的以西地区。他决定把继续经略华北的事业全权托付给大将木华黎。1217年，他封木华黎为太师国王，明确宣布：“太行以北，朕自经略；太行以南，卿其勉之。”自此，他开始专意于西征的准备。

注释：

①本书历史事件中涉及的月份，均为农历月份。——编者注

五、西征

降服畏兀儿、败灭西辽

西征之前，成吉思汗已经巩固了对蒙古高原诸部族的控制。他曾几次发兵，征讨分布在大泽（今贝加尔湖）周围直至也儿的石河（今额尔齐斯河）流域的各部“林木中百姓”。不仅如此，由于畏兀儿部和哈剌鲁部的先后归附，大蒙古国的势力，当时业已越过阿勒台山。

畏兀儿即回鹘，属于突厥语系的民族。九世纪中叶，盛极而衰的回鹘汗国被黠戛斯人攻灭以后，一部分回鹘人迁往河西走廊诸郡，就是所谓甘州回鹘、肃州回鹘、沙州回鹘等部，统称为河西回鹘，后来被西夏征服。一部分回鹘西徙至七河流域（今苏联吉尔吉斯共和国谢米列契耶地区），大约与居住在那里的突厥语系部族葛逻禄（即哈剌鲁）人触合了。大多数回鹘人，则迁到天山东部的南北麓，并且成为当地的主要居民，而原先住在这里的各族居民逐渐与他们融合了。这一支回鹘建立的政权，以高昌（今新疆吐鲁番）为都，所以在宋朝被称为高昌回鹘，元朝史料则常以畏兀儿称之。它的势力，东自伊州（今新疆哈密）西至龟兹（元称曲先，即今新疆库车），北达今准噶尔盆地之边，南及鄯阐（今新疆罗布泊附近），而与吐蕃为邻。西辽强盛以后，畏兀儿成了西辽的藩属。西辽在畏兀儿等藩属国家都派驻“少监”，监临其地。

成吉思汗攻灭乃蛮部的时候，太阳罕的儿子屈出律勾结了慓悍的蔑儿乞部首领脱脱和他的两个儿子漏网出逃，他们盘踞在也儿的石河流域，企图与成吉思汗抗争。1208年，成吉思汗命速不台和哲别分别追袭脱脱和屈出律。脱脱战死，他的儿子忽都和赤剌温率领残部逃入畏兀儿境内。畏兀儿亦都护（意为“幸福之王”）巴而术阿而忒的斤拒绝收容他们，把他们打败后驱逐出去了。这时候，成吉思汗崛起于蒙古高原的消息已经越过荒漠旷野而西传。巴而术阿而忒的斤对西辽少监的压迫凌辱和横征暴敛早已痛恨万分。1209年，他命令部下将少监禁锢在哈剌火州（即高昌）的住所中，然后将房屋拆毁，把少监活埋在断壁碎瓦之中。他遣使者去觐见成吉思汗，表示愿意归顺。成吉思汗要求亦都护亲自来见。1211年，巴而术阿而忒的斤携带重礼东行。他在蒙古受到成吉思汗的隆重礼遇。从此，亦都护成了大汗的藩臣，在履行纳质、纳贡、从征等藩属义务的条件下，对自己的领地和人民拥有一定程度的世袭的自主权。

与畏兀儿亦都护入觐成吉思汗同时，哈剌鲁汗阿儿思兰（译言“狮子”）也来到蒙古献国降附。哈剌鲁即唐朝的三姓葛逻禄，原先居住在阿勒台山之西，屡经迁徙。八世纪中叶，他们徙入今巴尔喀什湖东南的伊犁河、楚河流域。西辽强盛时，他们与畏兀儿一样受西辽统治。成吉思汗灭乃蛮残部后，遣军逾阿勒台山而至哈剌鲁居地。居住在海押立（在今伊犁河中流北岸）及其邻近地区的哈剌鲁部首领阿尔思兰汗杀西辽少监，投降蒙古，并随东返之军谒见成吉思汗。阿力麻里（在今新疆伊宁西北）的哈剌鲁部长也入朝谒见成吉思汗。由于畏兀儿与哈剌鲁诸部归附成吉思汗，蒙古的国界，在西面即与西辽相接壤。

辽王朝灭亡前夕，宗室耶律大石与出奔在外的末帝天祚帝失和，率领部众逃至漠北。十二世纪三十年代初，耶律大石从漠北经由高昌回鹘西行，灭亡了当时已盛极而衰的喀剌汗朝，建立西辽，首都在虎思斡耳朵。这是在亚洲最西面的一个按照中原仪文制度建立的封建国家。有一些史料称它为“喀剌契丹”，即“黑契丹”的意思。以后，它西据河中（锡尔河与阿姆河中间地区），东括畏兀儿、哈剌鲁，一度成为中亚细亚地区最为强盛的国家。不过，到了十三世纪之初，当蒙古兴起时，西辽亦已处在衰败的时期了。它在锡尔河流域以外的旧土全部被花剌子模并吞，其东部领土则被乃蛮王子屈出律所据有。

当时西辽的皇帝叫直鲁古，他是一个昏庸无能、不理政事的统治者。屈出律被蒙古军队一败再败，投奔西辽，直鲁古对他毫无警惕，反而将女儿嫁给他，并供应他费用去召集乃蛮和蔑儿乞残部。屈出律势力渐渐增强了。为了达到篡夺西辽政权的目的，他先是挑起西辽与其臣属花剌子模的互斗，继而囚禁直鲁古，夺取了西辽帝位。他出兵征服可失哈儿（今新疆喀什）和斡端（今新疆和田），颇有死灰复燃之势。但是，屈出律统治下的西辽，阶级矛盾、民族矛盾、宗教矛盾十分尖锐，人民怨声载道。

1218年，成吉思汗派哲别率兵两万出征屈出律。当时屈出律正在可失哈儿，闻讯后仓皇向西南出逃。哲别进入西辽境后，利用西辽的民族矛盾和宗教矛盾，允许当地居民信教自由，宣布除了追捕屈出律以外别无所求，保证居民的安全。所以他立即赢得了广大回教徒的支持。他们纷纷起来杀掉住在老百姓家里的屈出律士兵。哲别追屈出律直至巴达哈伤（今阿富汗巴达克山）边境地区。在那里，屈出律走进一个没有出口的死谷。正在附近山地行猎的巴达哈伤山民将他捕获后交给了哲别。西辽终于落入蒙古人的手中。这样，大蒙古国就与当时中亚最强大的国家——花剌子模接界了。

蒙古与花剌子模的关系

花剌子模原是位于阿姆河下游、咸海南岸的一个中亚古国。自从九世纪后期阿拉伯帝国瓦解以后，它先后臣属于萨曼王朝以及在中亚相继兴起的诸突厥王朝。十一世纪末，塞尔柱突厥帝国的算端（今译苏丹）任命了一个奴隶出身的突厥大臣之子护都不丁为花剌子模地区的行政长官，并许其袭用花剌子模沙的称号。护都不丁后人起而反叛塞尔柱朝，杀塞尔柱算端，取代了他的统治。到摩诃末接任花剌子模沙时，其势力已经西至伊拉克阿只迷（今伊朗西部）。不久，摩诃末又击败建都于哥疾宁（今阿富汗加兹尼）的古尔王朝，迫使它臣服于自己；又大败西辽，并于1212年袭杀河中撒马尔罕（在今苏联乌兹别克共和国）的统治者斡思蛮汗。从此，除了它的旧都玉龙杰赤而外，撒马尔罕成为花剌子模新的政治中心。摩诃末自称算端，并企图胁迫回教世界的宗教领袖阿拉伯哈里发承认他的算端地位。由于遭到哈里发的拒绝，他勃然出兵阿拉伯。虽被击败，但他的气焰仍然十分嚣张。从塞尔柱突厥朝算端被击杀算起，花剌子模的统治者只用了一个世纪的四分之一的时间，就完成了对中亚细亚的一系列征服。

古代中亚各地的联系和交通，似乎要比今天一般人的想象密切得多。蒙古军队越过大漠南下并攻占金朝中都的消息，很快地就被往来于花剌子模与漠北、中原的回回商人们带到了西方。关于成吉思汗和他的帝国，传说纷纭，莫衷一是。花剌子模沙摩诃末急于探听蒙古的实力。于是，他选派了一个使团去访问成吉思汗的大营。

成吉思汗高兴地接见了花剌子模使团。他表示承认摩诃末统治西方的地位，就像他自己统治着东方一样。同时，他应允双方的商人自由通商。蒙古人需要粮食、铁器和各种各样的手工业产品。蒙古贵族自己不善于做生意，总是把掠得的金银交给往来活跃于东、西方的回回商人（指畏兀儿以西的花剌子模地区甚至阿拉伯的商人，他们大都信奉伊斯兰教），代他们贸易生息。同时，他们也越来越需要用从中原地区掠得的金银、丝绸等向回回商人交换西方的各种玉石珍宝、织锦及其他奢侈品。抢来的钱不值钱，价钱他们不在乎。重要的是，必须有人提供这一类商品。以上这些原因，都促使蒙古贵族奖励商业。为此，成吉思汗下令保证往来经商的各种商队的安全。

与花剌子模使团东来蒙古前后，由三个回回商人所率领的商队也从花剌子模到达蒙古。他们被带到成吉思汗跟前。商人们向成吉思汗出示了带来的金锦和布匹。其中的一个商人对这些货物的要价，竟在原价的十倍之上。成吉思汗被这种狂妄的要索激怒。他说："难道这个歹人竟会以为，像这样的东西我们过去从来不曾得到过吗？"他下令将堆储在府库中的各种锦缎织物全都拿出来，好让那个商人见识一番。他还下令把那个商人带来的商品当作战利品，分赏给部下。另外两个商人见到这种情景，不敢再开口索价，只是一个劲地说："我们带来的这些礼物都是敬献给大汗的。"成吉思汗十分满意他们的行为，当即按照每匹金锦一金锭、每两匹棉布一银锭的昂贵价格来偿付这两个商人。同时，他又召回了前者，以同样的价格偿付了他的商品。

作为对花剌子模使团的回访，成吉思汗也派出了三名使臣，携带厚礼去见摩诃末。其中有两名是河中人，另一个是名叫马哈木的花剌子模人。这个马哈木，很可能就是后来长期在西域以及华北地区担任要职的马哈木牙剌瓦赤。牙剌瓦赤，在突厥语中正是"使者"的意思。另外，成吉思汗又下令诸王、大臣各派侍从二至三人，筹集资金、采办货物，组成了一支四百五十人的庞大的商队，到花剌子模去贸易。

蒙古使臣们虽然见到了摩诃末，但是，随他

们之后出发的商队却被滞留在忽章河（即今锡尔河）边的花剌子模边城讹答剌（今苏联哈萨克境内锡尔河右岸）。尽管组成这支庞大商队的都是回回商人，他们仍然被花剌子模帝国的讹答剌长官全部杀死了，他们带去的财货则被完全没收。记载了这次事件的大部分穆斯林史籍，都说这次屠杀是按照摩诃末的指令进行的。只有一个替商团赶骆驼的人逃脱了厄运。他丧魂落魄地逃回蒙古，把这个消息带了回去。

成吉思汗闻讯，大为震怒。他又一次独自登上高丘，脱去冠带，脸朝着大地祈祷说：

“这次惨案不是我所造成的，请给我力量，让我去复仇吧！”

三天三夜以后，他才回到大营。

然而，当时还不具备立即出征的条件。盘踞在可失哈儿和斡端等地的屈出律还没有被消灭，西征所必需的人力物力也还需要一定的时间进行筹集。所以成吉思汗又派出三个使臣去花剌子模，谴责摩诃末背信弃义的行为。

利令智昏的摩诃末当场杀死了为首的蒙古使臣，将另外二人剃去胡须后逐回。双方的关系进一步恶化了。

成吉思汗一贯教育部下说："人生最大的乐趣，就是战败敌人。追奔逐北，把他们的一切都夺过来，看着他们的亲人以泪洗面，夺了他们的战骑，把他们的妻女拥抱在自己怀中。"这段话生动地反映了他所进行的对外征服战争所具有的掠夺性质那一面。然而，与花剌子模之战，摩诃末却负有挑起战争的责任。在讹答剌杀害蒙古使者和商队，迫使成吉思汗除了战争外别无选择。

蒙古人对于出征的准备工作，向来采取极为谨慎的态度。出征前，总是先召集诸王、那颜举行"大聚会"，在会上详细地讨论军队的组成、出军人数、作战计划、会师地点及日期。他们的一贯做法，用兵之前，必须检阅队伍，审视士兵的坐骑装备，衣着则头戴皮兜，身被有铁片的皮甲。每个战士的马鞍下都塞着一定数量的干肉，这是他们常备的军粮。

现在，传统的"大聚会"又召开了。最后决定留成吉思汗的幼弟斡赤斤镇守漠北本部，由木华黎负责继续征金，成吉思汗自己率领诸子、诸将和大部分蒙古军队西征。参加西征的，还有华北和西夏归附蒙古的汉军、河西军以及大批能工巧匠，总数有十余万人。

1219年，成吉思汗驻夏于也儿的石河。蒙古与花剌子模之间长期而血腥的战争爆发了。

击败花剌子模

入秋以后，成吉思汗大军从也儿的石河进抵讹答剌城下。

摩诃末力图避免与蒙古军在野战中正面交锋，所以分散兵力守御锡尔河沿边及河中诸要塞，甚至企望蒙古军队会在大掠之后自行退兵。这样，虽然花剌子模所拥有的军队在总数上超过蒙古军队，但它在每一个地区的兵力，却常常劣于自己的敌人。

成吉思汗决定从这里分兵四路。他留下察合台和窝阔台围攻讹答剌，命术赤统领右路军往攻锡尔河下游重镇毡的，另遣左军溯锡尔河而上，随处攻掠，他自己领主力中军渡河，横逾沙漠，直趋不花剌城（今苏联乌兹别克共和国布哈拉）。当时，摩诃末正在河中首府撒马尔罕。该城防卫坚固，兵力充足。成吉思汗企图通过上述军事布置，四面收缩，集合大军合围这座河中重镇，切断摩诃末退回花剌子模本部或呼罗珊的道路，一举擒获这个既骄横又懦弱的算端。在几个方向上同时出击，然后又在决战阶段迅速合拢诸军，形成重点包围，对敌军主力进行密集攻击，这是成吉思汗所经常使用的战术。

1220年初春，成吉思汗兵临不花剌。守将率军出奔，企图突破蒙古军防线，渡阿姆河西遁，但被全部击灭。翌日，城民献关出降。

不花剌城的名称，意为“学问的中心”。这里是回教世界的东部学者麇集的地方，如今遭到了惨重的洗劫。城降后，成吉思汗驰马闯进大礼拜寺。他问这里是否是算端的宫殿。人们回答他，这里是上帝的殿堂。他带着轻蔑的神气翻下战骑，踏上讲坛的台阶，大声地说：“田野里没有足够的草料，就替我在这儿喂马吧！”于是他们搬来谷料，用书椟作槽，在庭院里喂起马来。随后，蒙古军人们又抬来了酒囊，并把城里的歌伎们拉到这里，陪他们跳舞作乐。而不花剌城中那些有声望的回教长老、学者和医生们，都被征集而来，在一旁为这些狂欢放浪的人们喂马、执行杂役。不花剌城的内堡中负隅抵抗的士卒，以及企图起而反抗的穆斯林教士，全遭到无情的屠戮。全城居民被赶到城外的空旷地带，然后在城里纵兵大掠。城中一切防御设施全部拆除烧毁，大火一连烧了好几天，火势延及城民居住的木屋，除了大礼拜寺等极少数砖墙结构的建筑而外，整个城市差不多被夷平了。每天都有一队一队的贵族富人被带进蒙古军的行营，用拷掠榨取他们的钱财。成吉思汗对市民们宣布："我是上帝之鞭！呵，可怜的人们，你们犯了大罪孽。如若不然，上帝怎么会派我来惩罚你们呢？"很多年后，一个幸免浩劫的不花剌人在回忆这段经历时仍惊魂未定。他用了波斯语中最简练的方式来描绘这场大动乱，他说："他们来了，他们掘地挖宝，他们纵火焚烧，他们杀人，他们抢掠，然后他们离去了。"

1220年三月，成吉思汗从不花剌东趋撒马尔罕。不花剌城的成年男子被全数征发，从军作战。远离本土的蒙古军队不断地从被征服的当地居民中征发士兵，主要用于两个方面，一是担任运输、造作等辅助任务，二是在攻城时把他们布列在最前面，强迫他们去抵挡来自其同胞防御工事中的兵刃锋镝，以减少本族军队的损失。守城士卒经常在攻坚的蒙古军队最前列看见被刀枪胁迫着缓缓前进的活的枪盾箭垛，这中间有他们的父老兄弟、至亲好友，他们的斗志很快地涣散了。

在撒马尔罕前线，成吉思汗得到捷报，术赤已经攻下毡的和锡尔河下游诸地区，而察合台和窝阔台经过五个月的围攻，终于也攻克了讹答剌城，并带领部队渡锡尔河赶到撒马尔罕，与成吉思汗会合。

人们最初以为，城防坚实的撒马尔罕，至少可以固守数年而不溃。可是，蒙古军渡锡尔河的消息传来，摩诃末还是急忙逃离撒马尔罕，退至阿姆河南岸。他在那儿布置了第二道防线，而把撒马尔罕留给部下守卫。

围城最初两天，成吉思汗下令休战。他亲自沿外墙环绕全城，实地勘察城墙防护、外围工事以及城门的虚实，反复选择适当的突破口。战斗从第三天起开始，攻城仅二日，撒马尔罕即弃战投降。蒙古军开进城内，击溃死守内堡的军队，将城防构筑全行拆毁，又驱居民出城，大肆抢掠。当天晚上，缴械投降的三万康里（突厥的一种）军队被成吉思汗下令屠杀。他从居民中检括了三万工匠，分赐给诸子和亲属，又征发了三万壮丁随军作役夫，其余的人均须缴纳赎金，方许回城。

按照同时代的波斯历史学家志费尼的看法，不花剌和撒马尔罕所遭受的破坏，比起呼罗珊、伊拉克阿只迷等地区的命运来，还算是比较轻微的。因为这两座城池都是只经过一次毁灭性的打击，而且在这里尚未举行全城性的大屠杀。蒙古军队对于中亚经济和文化的严重破坏，由此可想而知。

成吉思汗从撒马尔罕遣哲别和速不台渡阿姆河追寻摩诃末，令其紧追不舍，志在必得。以后，又因为朮赤一军在花剌子模旧都玉龙杰赤久围不能下，他派察合台和窝阔台领兵北去，与朮赤合力攻玉龙杰赤。他自己就在阿姆河北岸驻扎。秋天，他溯阿姆河而上，克忒耳迷城。城破之日，全体居民都被赶到城外的开阔地段，按照蒙古军队的习俗，把他们分配给每个士兵，责令其屠杀无遗。

他从这里派拖雷先渡阿姆河，往攻呼罗珊。花剌子模军队沿河筑垒十余里，陈船河中。汉将郭宝玉献计，乘风涛发火箭射船，顿时延烧不能止。拖雷指挥大军趁火势渡河，攻破护岸兵五万，向西长驱直入。

1221年开春以后，成吉思汗也率军涉阿姆河，进围巴里黑城（在今阿富汗马扎里沙里夫之西）。巴里黑遣使奉重币求降。由于当时摩诃末之子札兰丁正在南面的哥疾宁集结重兵，准备抵拒蒙古军，成吉思汗对巴里黑降人不敢放心。他以检括人口为名，将居民驱出城外，不分男女老幼，尽数屠戮。以后很久的一段时期中，这个昔日繁华的城市，成为尸骨成丘、禽兽出没的恐怖世界。

从巴里黑出发，成吉思汗又攻下它西面的塔里寒山寨，然后避暑于塔里寒高原。

就在这一年，花剌子模军队在摩诃末之子札兰丁统领下，总算组织了一次主动的出击战。札兰丁在哥疾宁整顿军队后北上进屯八鲁湾（在今阿富汗喀布尔之北），与蒙古军遭遇，获小胜。不久，失吉忽秃忽领数万大军来迎，竟又被札兰丁打败。

成吉思汗接到败讯，并没有责备失吉忽秃忽。他沉着地说："过去你打仗总是得胜，所以有些不在乎了。现在尝到了吃败仗的滋味，今后应引以为训。"待他引军南下经过八鲁湾战场，向失吉忽秃忽详细询问当时双方的布阵形势，批评失吉忽秃忽不懂得如何正确地利用地势。他在失利时的镇定和引导部下总结教训的做法，使众将心服。

蒙古军队这次南攻哥疾宁，队伍是十分浩大的。拖雷在扫荡呼罗珊后东返，与成吉思汗会合。与此同时，窝阔台和察合台所部，也在引阿姆河水灌玉龙杰赤城，将这千年古都夷为平川之后，直趋阿姆河南，与中军会师。

看到察合台的到来，成吉思汗的心情十分沉重。原来，察合台出发去攻取玉龙杰赤之后，他最喜欢的儿子蔑忒干在跟随成吉思汗围攻巴米安堡时中流矢身死。成吉思汗一向很喜欢蔑忒干，闻讯非常悲伤。巴米安堡攻下后，成吉思汗下令尽屠城中的一切生物，称之为“卯忽尔罕”，意即“坏城堡”。如今察合台回来了，成吉思汗命令部下不准向他透露蔑忒干战死的消息。一连好几天，成吉思汗总是对察合台说，他的爱子被别遣他往了。有一次，他借故和他的儿子们争执起来，装出发怒的样子问：“你们都不听我的话么！”察合台震惊地跪到地上说：“我们一定遵命而行，不然请罚我们以死！”成吉思汗接连几次问道：“你们真的照我的话说吗？”直到察合台郑重其事地再三保证后，成吉思汗才吐露了蔑忒干战死的真情，随即下令不许察合台哭泣悲伤。察合台在父亲面前强忍泪水。过了一会儿，他借口跑出营帐，偷偷地躲到角落里痛哭了一场，然后擦干泪水，才敢重新回到成吉思汗跟前。能征惯战的蒙古贵族在残酷的战争面前，就是这样来克服自己丧失亲人的悲哀的。

札兰丁得到蒙古军队合力来攻的情报，不敢恋战，弃哥疾宁撤退到申河（今印度河）边。成吉思汗追至申河，双方在河边展开了恶战。成吉思汗企图生擒札兰丁，所以禁止士卒对陷入重重围困的札兰丁发矢。札兰丁左冲右突，无法突围。最后，他反身跃马跳进申河，泅水而去。成吉思汗对这位表现勇敢的敌人很敬佩，阻止部下向他射箭，让他带领追随他过河的军将们逃入印度去了。

三年多的烽火，把花剌子模烧得满目疮痍。锡尔河和阿姆河目睹了成吉思汗的狂飙袭来，呼罗珊记录了拖雷的战绩，再向西、向北，越过高加索山脉，在广袤的南俄草原上留下的是哲别和速不台的踪迹。不过，当时的蒙古人全都得地不守。在他们的身后留下的，除了破坏，差不多没有任何属于他们自己的行政或军事设施。因此，几年以后，札兰丁才能从印度返回波斯本部，在那里发起了一个短暂的复国运动。成吉思汗破败了花剌子模，但他还没有完全地征服它。给予花剌子模以最后一击的任务，是在他的继承者窝阔台汗的时代才得以完成的。

班师归来

1221年末至1222年初的隆冬，成吉思汗是在大雪山（即兴都库什山）之麓度过的。他很快就要年满六十了。对暮年和死亡的恐惧，逐渐像阴影一样地笼罩在这位戎马一生的游牧领袖心头上。可惜，那个博古通今、能够比回回星历家更准确地预测出月食日期的耶律楚材，对长生不老之术却是外行。所以，成吉思汗必须另觅高手。这时候，他正怀着焦急的心情，等待着万里之外的山东著名道士——长春真人邱处机奉召赶来觐见。

邱处机，登州人（治今山东蓬莱），是金末在华北流行的全真教派首领，自号长春子。几年前，成吉思汗听说他有长生不老之术，就遣近臣持诏要他北觐。长春真人原先以为成吉思汗就在桓、抚之北，便欣然应命。等他到达燕京，方才知道“车驾遥远，不知其几千里”。他吓得不敢再往北走。于是上表要求在燕京“坐住”。成吉思汗不答应。邱处机无可奈何，只好不顾“颜色憔悴，形容枯槁”，凄然出塞。他以七旬的高龄颠簸于马背之上、沙海之中，好不容易到达镇海城（在今蒙古人民共和国科布多东南），实在不愿意继续西行，所以又向守城的长官田镇海苦苦哀求：“我远行几千里方到达治下。沙漠中看不见耕稼，得见此间秋稼已熟，十分欣喜。我想就在这里过冬，恭候皇帝陛下回銮，可以吗？”田镇海婉转地回答他：“圣上最近有圣旨给各处官员，如遇长春真人经过，不得留难、耽误他的行程。师父若是停留此间，则罪在镇海矣！”

邱处机被迫再往西去。他心情沉重，“不堪白发垂垂老，又蹈黄沙远远巡”，大概以为从此不能生还故乡，吟出了“残生无分乐天真”的绝望诗句。

1222年四月，长春真人横跨五十经度，终于抵临大雪山脚下的成吉思汗大营。成吉思汗召见邱处机，问他：“真人远逾万里来到这里，不知有什么长生不老的药方献给我？”邱处机回答他：“世上只有卫生之道（延年益寿，保养身体的方法），从来没有长生之药。”那么什么是“卫生之道”呢？长春答复说，是以“清心寡欲为要”。成吉思汗巴望了许久，得到的竟是这样的回答，心中有些失望。他耐着性子听他讲道说法。他答应了邱处机的要求，对华北的道人免征各种各样的赋税差役，只要求他们能经常地为自己告天祝寿。

1222年春夏两季，成吉思汗一直下营在大雪山之南。他曾派兵渡申河追踪札兰丁，但因水土不服而被迫退回。他又想取道印度、吐蕃班师，也没有成功。入秋以后，他决定循旧道返回，因此复渡阿姆河，取道不花剌，驻于撒马尔罕。

在不花剌，成吉思汗怀着极大的好奇心询问了伊斯兰教的教义。除了麦加朝圣这一条，他对几乎所有的教义都表示赞许。他认为朝圣并不必要，因为上帝是全能而全在的。在撒马尔罕，他宣布豁免穆斯林教士的赋役。实际上，大蒙古国在从东到西的广大领土上，对于各种职业宗教家差不多都给予了豁免赋役的同样优遇。除了在与花剌子模进行战争的期间，成吉思汗曾经故意地亵渎过伊斯兰教之外，他对于各种宗教——佛教、道教、也里可温教（基督教）、木速蛮教（穆斯林教）等，大体上采取宽容的政策，而且禁止对任何一种宗教过分偏颇。

1223年初，成吉思汗东渡锡尔河。他在诸那颜和拔都鲁们的簇拥之下，在今塔什干附近的察赤河（今锡尔河）流域坐上了用黄金铸成的宝座，接见群臣。这一年夏天，他驻夏于忽兰巴失草原。

这一年，成吉思汗在一次大规模的围猎中被失蹄的坐骑掀下马背。当时他正在追击一头野猪。那野猪看见了被摔在地上的成吉思汗，竟然没有像往常那样猛扑过来，而是呆呆地盯着成吉思汗，然后在赶上前来的众将领的吆喝下转身逃去。随行的耶律楚材和邱处机都借此劝谏成吉思汗不要再经常行猎。成吉思汗对他们的好意表示感谢，可是他认为，对一个蒙古人来说，像打猎这种一辈子做惯了的事，怎么能随便放弃呢？蒙古人在行猎这件事上，有许多严格的规定。他们通过围猎来训练骑射、布阵、协同作战，培养勇敢精神和令行禁止的纪律。这样重要的活动，成吉思汗当然不会同意放弃的。

翌年，大军继续东返。途中遇到拖雷的两个

儿子——忽必烈和旭烈兀兄弟。这两个人，后来分别成了元王朝和在波斯的蒙古王朝伊利汗国的开国君主。但在当时，忽必烈才十岁。他射到一只兔子，弟弟旭烈兀则射到一只鹿。成吉思汗十分高兴，亲自按照蒙古旧俗，把那兔子和鹿的油脂，涂到这两个初次获猎的孩童们的中指上。

同年，从撒马尔罕与成吉思汗分道、去追击摩诃末的哲别和速不台所部，也东归与大军会合了。

这一支蒙古军始终紧紧尾随花剌子模算端摩诃末，一直把他逼到里海的一个岛屿之上。摩诃末后来就凄凉地死在那里。蒙古军转而抄掠波斯各地，绕里海西岸，逾太和岭（今高加索山脉）北进。里海和黑海北面的广阔原野，当时是钦察各部的居地。被蒙古军击败以后，钦察的一些部众西逃，向俄罗斯人求援。俄罗斯诸公国与钦察联兵西逆，结果在黑海西岸的伽勒伽河被蒙古军各个击破，惨遭大败。蒙古军队由此乘胜长驱，进入俄罗斯南部，又沿今第聂伯河至黑海北岸，取道钦察草原东返，与成吉思汗会师。

1225年春，成吉思汗回到了他在斡难河头的大斡耳朵。

六、西夏之亡与“一代天骄”之死

成吉思汗在西征时，曾经按照接受西夏输诚时所约定的条件，派使臣去要求他们出军助征。可是西夏大将阿沙敢卜对蒙古使臣说：“等到蒙古打败时，我们就派军队来支援。”成吉思汗得到使臣的报告大为震怒。当时他正在对中亚用兵，所以没有立即报复。从西域归来，他重新把注意力投向南方。碰到的又是老问题：不先降服西夏，势必难以灭亡金国。借口是现成的：西夏迟迟不纳人质，也不肯派兵参加西征。因此，1226年二月，他亲自带领窝阔台、拖雷，统军十万，再次出征西夏。察合台率领着一支军队，被留作后援。

三月，成吉思汗攻占西夏重镇黑水等城，乘胜推进至贺兰山。西夏将阿沙敢卜战败被俘。夏，成吉思汗屯兵于浑垂山（在今甘肃酒泉北）避暑，以等待与西路军队会师。

为了割断西夏西部州郡与东部州郡之间的联系，成吉思汗派忽都铁穆儿、昔里钤部等出兵沙州（今甘肃敦煌北）。西夏沙州守将伪降，以牛羊美酒犒赏蒙古军，暗地里却设伏兵，企图一举消灭蒙古军。主将忽都铁穆儿中伏，幸好被昔里钤部救出。蒙古军抓紧时机回击，西夏军大败，沙州失守。接着，西路蒙古军又进至肃州（今甘肃酒泉）。戍守肃州的西夏军民奋力抵抗。可是，肃州守将昔里都水是昔里钤部的族兄，他企图以城降蒙古，被杀。肃州城破后，成吉思汗下令屠肃州城，只有昔里钤部的亲族一百零六户幸免于难。不久，由西路东进的蒙古军到达甘州（今甘肃张掖），与主力军会合。

面对蒙古军队势如破竹的攻势，西夏王李德旺束手无策，统治集团里人人自危，忧心忡忡。这年五月，六十四岁的上皇李遵顼病死。仅仅过了两个月，李德旺也忧悸成疾，发病而死。群臣立德旺的侄子李睍为王。西夏的局势已经岌岌可危了。

蒙古军队会师后，继续东进，下一个目标是甘州，甘州的守将叫曲也怯律，他的儿子察罕，十多年前即投奔成吉思汗，被收为养子，这次察罕随军而来，派人劝其父献城投降，但曲也怯律和蒙古使者都被西夏副将阿绰等三十六人杀死，阿绰等坚决抵抗，不久城破，成吉思汗下令屠城，在察罕恳求下，无辜百姓才免于屠杀，阿绰等三十六人遭杀害。

1226年秋七月，成吉思汗领兵进攻西凉府（今甘肃武威），夏将斡扎箦投降，附近的搠罗、河罗诸县也被蒙古军占领。蒙古军继续前进，到达黄河九渡处，占领应理（今宁夏中卫）。蒙古军队沿河北上，十一月，成吉思汗亲率大军进攻灵州（今宁夏灵武），李睍遣老将嵬名令公领兵十万来援，双方展开了激战，蒙古骑兵在结冰的黄河上纵横驰骋，对夏兵猛烈冲击，西夏将士虽奋力抵抗，终究敌不过凶猛的蒙古骑士。这场战斗的激烈程度是空前的，连成吉思汗也坠马跌伤了，西夏将士的伤亡更十分惨重，灵州终于被蒙古军队占领，守将李德任（献宗李德旺的哥哥）被俘杀。蒙古军队在灵州取得重大胜利后，继续挺进，终于包围了西夏都城中兴府。成吉思汗在盐州川驻冬，蒙古军队在盐州（今陕西定边）一带肆行杀掠，当地的居民有的打土洞、石洞避难，但是死里逃生的不过百分之一二而已。

西夏军队经过灵州这一仗后，元气大伤，已经无力抗击蒙古军队了。成吉思汗对西夏的进攻也放松了下来，只用较少的兵力围困中兴。

1227年正月，成吉思汗带领大部分军队渡过黄河进攻积石州（今青海贵德东），意在彻底切断西夏的后路。接着进入金境，攻陷临洮府（今甘肃临洮）及洮（今甘肃临潭）、河（今甘肃临夏）、西宁（今青海西宁）、德顺（今甘肃静宁）等州，基本上形成了对西夏的大包围圈。闰五月，成吉思汗到达六盘山驻夏。

被蒙古军队团团围困的西夏君臣，简直是热锅上的蚂蚁，不知如何是好。李睍只好委托右丞相高良惠守城，高良惠坚壁拒守，兵民们都很感动，劝他保重，他感叹地说："我身为国臣，不能消除祸乱，使敌寇深入至此，活着有什么用呢？"不久终因积劳而死。闰五月，成吉思汗在六盘山派察罕赴中兴府劝降，西夏君臣犹豫不决。六月，中兴发生强烈地震，房屋倒塌，瘟疫流行，粮尽援绝，到了山穷水尽的地步。李睍被迫遣使乞降，称："为了准备贡物、迁民户，请宽限一月，到时亲来朝谒。"成吉思汗同意了。

他对西夏使臣许诺说："夏主投降以后，我会像对待自己的儿子一样地对待他的。"

他从六盘山移至清水县的西江。当时天气酷热，六十六岁的成吉思汗不能适应这种气候，竟染上了重病。他知道自己病情严重，又想起悬而未决的汗位继承问题，更加放不下心来。

原来，漠北游牧社会中长期地存在着"幼子守产"的习惯法。当儿子们长大成人的时候，就离开父母去独立生活，他们有权带走属于父母的一部分财产。最小的儿子不离开家庭，由他继承父母所留下的大部分家产。那么，偌大的一个大蒙古国，至高无上的大汗宝座，是不是也应当遵循幼子守产的习惯法来决定继承原则呢？在这个问题上，成吉思汗一直迟疑未决。

一方面，由于游牧经济的分散性，成吉思汗事实上已经按照幼子守产的原则在亲族中间划分了各人的属民和份地。他把他的兄弟们分封在东面：哈撒儿分在蒙古东北部，哈赤温（这时已死，由他的儿子按赤台受封）在蒙古东部，斡赤斤在蒙古最东北，追随他创业有功的异母弟别里古台也有自己的土地和人民，他被封在鄂嫩河、克鲁伦河中游一带，最靠近大斡耳朵。这四家后来称为“东道诸王”。据说，成吉思汗有妻妾五百人，只有五个人具有皇后的地位，其中，长妻孛儿帖所生的四个儿子地位最尊，称“四曲律”。他们是朮赤、察合台、窝阔台、拖雷。除了拖雷以外，他们也都有自己的人民和份地，称为“西道诸王”。他们的份地，从北向南，依次展开在从也儿的石河流域到畏兀儿边境的草原地带。朮赤的份地，离开大斡耳朵最远。幼子拖雷没有另外的份地，他将继承大汗留给自己统领的大片地方。成吉思汗死的时候，漠北本部属于自由民身份的蒙古骑士共有十二万九千人。其中分给诸弟、诸子的共二万八千，剩下的十万一千，都属于成吉思汗本人，在他死后，则属于幼子拖雷。

但是在另一方面，当成吉思汗为他所缔造的草原帝国遴选大汗继承人时，他似乎并不把汗位看作纯粹属于他私人，因而也可以传给幼子的个人财产。大汗是整个“黄金家族”的财产看管人，他不仅应当对属于自己的份地，而且必须对整个大蒙古国负责。所以，汗位继承人的资格，应当以能力为原则，而不是以幼子守产为原则来确定。成吉思汗对于让谁来继承汗位的问题，曾有一度非常犹豫。

不幸的是，以上这两种处置，在成吉思汗时代都已经招致了不少的麻烦，暴露出大蒙古国分裂瓦解的明显征象。

朮赤顾忌自己可疑的出身，与察合台、窝阔台长期不睦。他自从攻打玉龙杰赤后，就长期逗留在咸海北部的草原上。成吉思汗西征回来，几次召见他，他都托故不肯从命。成吉思汗对他的疑忌渐渐加深，1227年，他甚至打算出兵攻打朮赤。恰好这时传来朮赤去世的消息，才避免了骨肉间的一场血战。后来，朮赤的后裔就在也儿的石河以西、咸海、里海以北直到伏尔加河流域，建立了钦察汗国。

为了汗位继承，成吉思汗的儿子们，也早在出征花剌子模之前，就进行过一场激烈的争执。《蒙古秘史》用十分生动的语言记述了这一场争执：

“临行时，也遂夫人（成吉思汗的诸妻之一）说：‘皇帝涉历山川，远去征战。若一日倘有不讳，四子内命谁为主？可令众人先知。’太祖（指成吉思汗）说：‘也遂说的是！这等言语，兄弟、儿子并孛斡儿出（即博尔术）等，皆不曾提说，我也忘了。’于是问拙赤（即术赤）：‘我子内你是最长的。说什么？’拙赤未对。察阿歹（即察合台）说：‘父亲问拙赤，莫不是要委付他？他是蔑儿乞种带来的，俺如何教他管？’才说罢，拙赤起身将察阿歹衣领揪住说：‘父亲不曾分拣，你敢如此说？……’说了，兄弟各将衣领揪着。……太祖默坐间，有阔阔搠思说：‘察阿歹你为甚忙？皇帝见指望你。当您未生时，天下扰攘，互相攻劫，人不安生。所以你贤明的母不幸被掳。若你如此说，岂不伤着你母亲的心？’……太祖说：‘如何将拙赤那般说？我子中他最长。今后不可如此说！’”

一场风波，最后以勉强推举窝阔台当大汗继承人才暂时了结。

辗转反侧于病床之上的成吉思汗，越是想起这些往事，便愈觉不安。他急忙召唤窝阔台、拖雷、各妃所生的儿子们到大帐中来，对他们说：“我病势沉重，眼看无法医治了。实在说，你们需要有人保卫国威和帝位，支持这根基坚实的宝座。如果我的儿子们个个都想当大汗，想当帝王，不肯相互谦让，岂不是变成了我常讲的故事中那条多头蛇？”

成吉思汗经常喜欢讲一头蛇和多头蛇的故事。这个故事是这样的：在一个寒冷的夜晚，有一条多头蛇为了御寒，想爬进洞去。可是，这条蛇的每一个头都争着要首先钻进洞里，哪个也不肯落在后头，结果，这条多头蛇就冻死在洞口的外面。而另外一条只长着一个头和一条长尾巴的蛇却顺利地爬进洞里，给尾巴和肢体找好安顿之地，从而度过了严寒。成吉思汗用这个故事教育自己的儿子们，要他们同心协力，听从指挥。现在到了病危的时候，他又想起这个寓意深刻的故事来。

“我们俯首听您的命令和吩咐。”窝阔台等跪在地上说。

“若你们想过安乐和幸福的生活，享受权力和富贵的果实，那末，如我近来让你们知道的那样，我的意见是：窝阔台继我登位，因为他雄才大略，足智多谋，在你们当中尤为出众，我意欲让他出谋划策，统率军队和百姓，保卫帝国的疆域。因此，我立他当我的继承人，把帝国的权柄交给他的勇略和才智。我的儿子们，对这想法有何意见？”成吉思汗接着说。

“谁有权力反对您的话，谁有能耐拒绝

它？”诸子们异口同声说。

“既然这样，”成吉思汗继续说：“若你们的愿望和你们的话是一致的，若你们的口比着你们的心，你们必须立下文书：我死后你们要承认窝阔台为汗，把他的话当作肉体的灵魂，不许更改今天当着我的面决定的事，更不许违反我的法令。现在察合台不在我的身边，也应该使他不生叛乱之心。”

窝阔台的弟兄们遵照他的圣训，立下了由窝阔台继承大汗位的文书。

成吉思汗的病情愈来愈恶化，在他临死的时候，他对拖雷和诸大将嘱咐了灭亡金国的方略：“金朝的精兵在潼关，潼关南据连山，北靠大河，难以一下子攻破。如能假道南宋，宋金世仇，必能同意，那时即出兵唐、邓，直捣开封。这时，金朝必从潼关征兵。潼关数十万兵千里赴援，必然人马疲敝，虽能赶来却不能作战，攻破开封是必然的。”后来窝阔台灭金，基本上遵循了这一方略。

他又嘱咐左右诸将，死后秘不发丧，待李晛到期来朝谒时，把他杀掉，并对西夏都城实行屠城。后来诸将果然按成吉思汗的嘱咐执行了。

1227年七月己丑（公历8月25日），成吉思汗在清水县西江病逝，终年六十六岁。

成吉思汗诸子和诸将领们护送成吉思汗的灵柩到达克鲁伦河河源的大斡耳朵，为了做到秘不发丧，沿途遇人便杀。来自大蒙古国东西各地的成吉思汗诸子、诸弟、诸王及其后裔，陆续赶到漠北，举行了隆重的丧礼，成吉思汗的遗体埋葬在斡难、克鲁伦、土剌三河的发源地不尔罕山的起辇谷。

七、成吉思汗的历史功绩

十二至十三世纪漠北历史发展的客观进程，把“一代天骄”成吉思汗推上了他成功的峰巅。蒙古高原上的各部族，在成吉思汗的旗帜下统一起来，不是以其他王朝的属部，而是作为独立的实体求生存、谋发展，自立于世界民族之林，这无疑极大地促进了蒙古民族共同体的形成和发展。成吉思汗对于蒙古族历史的发展做出了卓绝贡献。

成吉思汗超过我国古代北方少数民族的其他许多杰出领袖——匈奴的冒顿，突厥的土门、室点密兄弟，回纥的怀仁可汗等——的地方，是他能够坚定不移地将草原帝国的疆域从大漠之边向南推进到华北，为他的继承者进而统一全国，奠定了基础。

自从唐朝安史之乱以后，北中国长期陷于割据状态。至契丹占据燕云十六州，白沟河便成了辽、宋两国不可逾越的深渊，河北三镇之地几成化外。十二世纪初女真南下，更把中国从淮河中流拦腰切断，分成两个天下。此外，西北有喀剌契丹（西辽）和夏，西南有大理、吐蕃，他们都各自为政，互相攻伐，把中国弄得四分五裂。当时这些割据政权，大都萎靡不振、偷生苟活，没有一个能够担当统一全国的重任。成吉思汗以勃兴的武力迫降畏兀儿、灭亡西辽、臣服西夏、击败金朝，扫除各族间的疆界，消灭分割汉族的墙壁，为后来的元王朝建立远盛于汉唐的大一统局面准备了一定的条件。成吉思汗对于中国历史发展的卓绝贡献，正在于此。

当然，由于蒙古军队的南下，也给封建经济和文化高度发展的中原地区，带来了不少落后的社会制度和因素，在一个相当的历史时期中对内地政治、经济和文化的发展造成若干消极的影响，这也是我们应当看到的。

成吉思汗的西征是比较复杂的历史现象。一方面，它确实给中亚、西亚以及欧洲不少国家和人民带来了巨大的灾难。人民被杀戮，城镇被毁灭，农田被破坏，致使这些地方的经济和文化严重凋敝。另一方面，它也冲破了亚欧各国的此疆彼界，促进了东西交通的沟通和文化交流。

正当成吉思汗统一蒙古高原时，花剌子模国王摩诃末也统一了中亚，双方都想继续对外扩张，掠夺邻国的财富，因而形成了对峙。成吉思汗本来就对他的儿子们说："天下地区尽阔，教您各守封国。"他把掠夺他国领土和财富作为自己的职责。正巧遇上花剌子模边将杀了蒙古商人，又杀了蒙古的使臣，污辱了使团成员，这对素重复仇而又处于无往不胜时期的蒙古贵族是不能忍受的。这样，成吉思汗终于亲自率军西征，于是不花剌被焚毁，讹答剌被屠城，玉龙杰赤变成泽国，马鲁绿洲成为荒芜之地。

西征给各国人民带来了灾难，给蒙古广大牧民也带来了极大的苦痛。十五六岁的少年，六七十岁的老人都送上了前线，其中许多人葬身异国。邱处机在谒见成吉思汗而往返西域的途中，目睹战争对人民生命财产破坏的惨状，写下了这样的词句："夹道横尸人掩鼻，溺溪长耳我伤情。十年万里干戈动，早晚回军复太平。"成吉思汗在西域遇见怪兽"角端"的传说，后来也被人们附会成告诫他早日班师的天意。这些都反映了东、西各国人民盼望结束残酷战争的一致愿望。

成吉思汗从动身西征起，便采用中原的交通制度，在通往西域的大道上，开辟“驿路”，设置“驿骑”“铺牛”“邮人”，把中原旧有驿站系统延伸到西域。这一艰巨事业一直延续到他的子孙时代。西征时带去大批汉族技术人员，沿途辟山开路，修筑桥梁，改善东西交通条件，为了维持道路上的安全，他还特别在交通大道上设置护路卫士，颁布保护来往商人安全的札撒，出现了东西交通畅通无阻的时代。

成吉思汗把东西交通大道上的此疆彼界扫除了，把阻碍经济文化交流的堡垒削平了，于是东西方的交往开始频繁，距离开始缩短了。中国的创造发明如火药、纸币、驿站制度等输出到西方。西方的药物、织造品、天文历法等也输入了中国。泉州和波斯忽里谟子之间有大量的商船定期往返，中国和东南亚各国（真腊、暹罗、爪哇、印度等等）的使节和商人，在一定时期内几乎相望于道。由于海上交通频繁，艄公航海经验的积累，元朝中国航海家除了凭针路定向行船外，潮汛、风信、气象等规律也能初步掌握了。明初郑和西使，正可看作元朝海外交通事业的继续和发展。

附录：成吉思汗生平大事年表

1162年（壬午）　铁木真诞生于漠北鄂嫩河畔。一岁。

1170年（庚寅）　九岁。铁木真之父也速该被塔塔儿人毒死。蒙古部乞颜氏衰落。

1189年（己酉）　二十八岁。乞颜氏族贵族联盟组成，推铁木真为汗。铁木真与札只剌部札木合发生“十三翼之战”。

1196年（丙辰）　三十五岁。斡里札河之战。铁木真和克烈部脱斡邻勒汗协助金朝击败塔塔儿人，金封铁木真为“札兀惕忽里”（纠军首领），脱斡邻勒汗为王（即王罕）。

1200年（庚申）　三十九岁。与王罕共灭泰赤乌于斡难河。

1201年（辛酉）　四十岁。击溃以札木合为首的各部贵族联盟于海拉尔河，进灭塔塔儿，降服翁吉剌等部。

1203年（癸亥）　四十二岁。铁木真与王罕发生合兰真沙陀之战。未几，灭克烈部。

1204年（甲子）　四十三岁。整顿军马，按千户、百户、十户制编组军队成立护卫军。定怯薛制度。灭乃蛮太阳罕部。

1205年（乙丑）　四十四岁。初征西夏。

1206年（丙寅）　四十五岁。蒙古各部统一，铁木真在忽里勒台大会上被尊为成吉思汗。

1207年（丁卯）　四十六岁。二征西夏。

1209年（己巳）　四十八岁。三征西夏。畏兀儿归附蒙古。

1211年（辛未）　五十岁。统兵攻入金西北路边墙，取昌、桓、抚等山后诸州，于野狐岭北击溃金三十万守军。朮赤、窝阔台由汪古部首领引导，自西南路入边，攻掠西京（大同）诸州县。

1213年（癸酉）　五十二岁。蒙古军主力袭克紫荆关，进围中都。

1214年（甲戌）　五十三岁。金宣宗献公主、金帛求和，撤围中都军，退至关外。

1215年（乙亥）　五十四岁。因金帝南迁复遣军入关，再攻中都，克之。

1216年（丙子）　五十五岁。成吉思汗退回漠北。

1217年（丁丑）　五十六岁。委木华黎经略中原。

1218年（戊寅）　五十七岁。遣朮赤征服吉尔吉思及其他森林部落，遣哲别灭西辽。

1219年（己卯）　五十八岁。驻夏于也儿的石河，领兵西征。

1220年（庚辰）　五十九岁。克不花剌、撒马尔罕。遣哲别、速不台追击花剌子模沙摩诃末，摩诃末死于里海岛中。

1221年（辛巳）　六十岁。激战阿姆河。与拖雷分兵，命之攻掠呼罗珊等地。自领主力追溃花剌子模新王札兰丁于印度河。

1222年（壬午）　六十一岁。驻夏于大雪山。秋，班师。

1223年（癸未）　六十二岁。渡锡尔河东归。

1224年（甲申）　六十三岁。驻夏于也儿的石河。

1225年（乙酉）　六十四岁。还至蒙古。

1226年（丙戌）　六十五岁。出兵攻西夏，取甘、肃等州，围夏中兴府。

1227年（丁亥）　六十六岁。病死于清水县。

出版说明

“新编历史小丛书”承自上世纪60年代吴晗策划的“中国历史小丛书”，其中不少名家名作是已经垂之经典的作品，一些措辞亦有写作伊初的时代特征。为了保持其原有版本风貌，再版过程中不做现代汉语的规范化统一。读者阅读时亦可从中体会到语言变化的规律。

新编历史小丛书编委会

图书在版编目（CIP）数据

成吉思汗 / 韩儒林著．— 北京：北京人民出版社，2020.3

（新编历史小丛书）

ISBN 978-7-5300-0456-2

Ⅰ. ①成… Ⅱ. ①韩… Ⅲ. ①成吉思汗（1162-1227）—传记—通俗读物 Ⅳ. ①K827=47

中国版本图书馆 CIP 数据核字（2019）第 186825 号

责任编辑 司徒剑萍 李更鑫
责任印制 燕雨萌

新编历史小丛书

成吉思汗

CHENGJISIHAN

韩儒林 著

出 版 北京出版集团
北京人民出版社
地 址 北京北三环中路 6 号
邮 编 100120
网 址 www.bph.com.cn
总 发 行 北京出版集团
印 刷 北京汇瑞嘉合文化发展有限公司
经 销 新华书店
开 本 880 毫米 ×1230 毫米 1/32
印 张 3.375
字 数 50 千字
版 次 2020 年 3 月第 1 版
印 次 2022 年12月第 3 次印刷
书 号 ISBN 978-7-5300-0456-2
定 价 18.00 元

质量监督电话 010-58572393